U0593152

1天看懂财务报表

财会应融入每个人的经济生活

系统了解财会知识体系

助力股票等理财投资

助力创业和企业经营

学会与财务或会计师沟通

主要适用人群：

股民等理财投资者　企业老板

企业非财务岗位员工　非财会专业大学生

经济管理出版社

ECONOMY & MANAGEMENT PUBLISHING HOUSE

图书在版编目（CIP）数据

1 天看懂财务报表/吴骁著 . —北京：经济管理出版社，2020.6
ISBN 978 - 7 - 5096 - 7185 - 6

Ⅰ.①1… Ⅱ.①吴… Ⅲ.①会计报表—基本知识 Ⅳ.①F231.5

中国版本图书馆 CIP 数据核字（2020）第 098867 号

组稿编辑：杨国强
责任编辑：杨国强 张瑞军
责任印制：黄章平
责任校对：张晓燕

出版发行：经济管理出版社
　　　　　（北京市海淀区北蜂窝 8 号中雅大厦 A 座 11 层　100038）
网　　址：www. E - mp. com. cn
电　　话：（010）51915602
印　　刷：三河市延风印装有限公司
经　　销：新华书店
开　　本：720mm×1000mm/16
印　　张：12.5
字　　数：201 千字
版　　次：2020 年 8 月第 1 版　2020 年 8 月第 1 次印刷
书　　号：ISBN 978 - 7 - 5096 - 7185 - 6
定　　价：48.00 元

·版权所有　翻印必究·
凡购本社图书，如有印装错误，由本社读者服务部负责调换。
联系地址：北京阜外月坛北小街 2 号
电话：（010）68022974　邮编：100836

前　言

一、本书撰写缘由

笔者写这本会计普及书籍，源于一个"财会应融入每个人的经济生活"新理念。笔者与会计说起来是很有缘分的。笔者从本科开始接触会计学，到毕业后从事企业财务工作，整整十年的时间都在和会计、财务管理、税法打交道。在考注册会计师的过程中，笔者越来越觉得，会计应该是一个很好玩、对每个人的经济生活都很有帮助的学科。它的理念应该是能够被雅俗共赏的，而不是一段段晦涩难懂的文字，只被专业人士运用，把其他人拒之门外，让外行人读起来像看天书。会计，应该融入大家的经济生活当中，经济生活处处有会计。于是，笔者就琢磨着，考完注册会计师，写一本与会计相关的普及类书籍，用最通俗易懂的语言，将其原理展示出来。本书就因为这样一个新理念而诞生了。

二、对会计的重新认识

会计语言是用数字对经济业务进行表达。其实会计语言要表达的和业务人员要表达的意思一样，只不过换成会计语言表达。我们常说，每个企业老板心中都有一本账，他（她）虽然不懂会计，但他（她）能把心中的账算清，把业务做好，就是这个原因。老板遇到财务专业问题再咨询财务人员即可。就像你会中文，不会英语，遇到英语再找翻译一样。

但是，会计又不仅仅是用数字翻译业务。会计具有其内涵艺术魅力。它的艺术性，不仅体现在基本的数字勾稽美，还体现在其背后原理的美妙与伟大。会计学原理，是一批批理论与实践工作者的智慧结晶，它尊重和敬畏经济规律，忠于经济实质，也体现了国家宏观政策的引导。

实际应用时，会计学原理就是一个全面的数字逻辑系统，能对业务进行完美诠释，做到一分不差，滴水不漏。懂会计原理，就好比有了一个指导老师，能给你提供从财务数据视角全方位、更本质地看业务问题的指导。因此，企业老板们如果了解会计，能够用会计原理分析业务数据，再配合业务敏锐的市场嗅觉，定会把心中的那本账分析得更精准，考虑得更全面，将企业经营得更好。

三、本书内容

本书分为两部分：会计部分和税法部分。每部分各三章，共六章。

会计部分的第一章先向大家介绍了企业发展历程以及公司制企业的治理结构和要求，让大家搞清不同类型企业的特征和所要承担的责任，便于大家在创业初期或经营公司时做选择。第一章会带大家正式进入会计的世界，让大家对四张财务报表有一个整体的认识，并快速了解会计记账过程。

会计部分的第二章是本书最重点章节，主要根据四张财务报表的格式，按顺序详细介绍了四张财务报表所列示的每个项目的含义及金额。项目的含义指它所记录的经济业务内容是什么。项目的金额指这个项目记多少钱。全部了解一遍后，大家基本上就能够看懂公司四张财务报表，这是写本书最主要的目的。

会计部分的第三章进一步教大家进行一些基础的财务报表分析，主要是四张报表的一些财务比率计算及关联勾稽。财务报表分析在公司经营中具有十分重要的地位，是很有帮助的分析工具。看懂财务报表后，我们很有必要进一步进行财务报表分析，发现公司的财务和经营问题。

介绍完会计，本书简要向大家介绍税法。近几年来，关于税法，我国每年都有很多新的政策出台。公司财务既要懂会计，又要懂税法，会计和税法不分家，两者缺一不可。

税法部分的第四章向大家展示了税收的作用及征税原理，让大家对税收有一个整体上的认识。税法部分的第五、第六章逐一向大家介绍我国各税种的征税计算原理。其中，第五章是税法部分比较重要的一章，主要介绍与我们经营公司最息息相关的三个税种：增值税、企业所得税和个人所得税。我们经营公司，无论什么行业几乎都涉及增值税，赚到钱后公司要缴企业所得税，净利润分红时个人还要缴个人所得税。税法部分的第六章逐一向大家展示了其他税种，本书将这些税种归纳为五类来介绍。

四、本书三大亮点

（一）理念新颖亲众

有了开篇撰写缘由部分提到的"财会应融入每个人的经济生活"新理念，本书的风格会与一些市面上的会计学原理或会计证书考试培训类书籍不一样。这些书籍都比较专业晦涩，直接引用会计准则等规范条文。这些书籍目的也比较明确，主要为了会计入门或考证。而本书与众不同的地方在于其目的不是为了会计入门和考证，只是单纯为了普及，让大家理解会计的逻辑，把会计融入经济生活中。

正因为如此，本书打破常规财会学习法和会计专业边界，直接以财务报表为起点介绍。本书风格不拘泥于说教，而是变换花样，比较轻松随意，富有趣味性。

（二）语言通俗易懂

本书使用最通俗易懂的语言，深入浅出，化专业知识为秒懂语言，但又不失专业性，让读者既能快速理解并接受，又能学到会计专业术语。

讲解时，笔者不会照搬会计准则或税收政策，而是另辟蹊径，采用通俗例子带知识点的独特方式，用自己多年的学习工作心得，将这些准则和政策揉碎消化后，再用通俗易懂的语言"吐出来"为大家讲解，快速解开谜团。这好比魔术，你一直想不明白是怎么变的，觉得很神奇。但魔术揭秘后，你会觉得，原来是这样，居然没想到！

讲解时，笔者会先抛出会计专业术语。会计术语大家不要总是害怕看不懂，其实内含的道理大家都懂，只不过换成会计语言而已。如果笔者不提会计术语，只是单纯讲故事和道理给大家听，那跟会计好像没太多联系。边抛出专业术语边举例解释的好处是，能把大家很快带入会计这一行里，真正做到会计启蒙。这有利于大家与财务专业人员沟通，有利于读懂其他会计专业书籍，继续自学深造。

（三）内容简短精悍

考虑到现代社会工作生活节奏较快，本书的篇幅极其简短，约十几万字，大约花一天的时间就能读完。这样能够抓住大家突如其来的好奇心，引起大家的兴趣，让大家 3 分钟热度还没散尽就读完本书，从而极大地提高效率。这也是普及教育的新理念。

虽然只有短短十几万字，但本书介绍的内容是系统全面的。例如，本书会计部分的第二章以及税法部分，均逐一向大家介绍四张财务报表各项目以及我国各税种，无任何遗漏。

五、本书适用八大人群

（一）股民等个人理财投资者

如果股民等个人理财投资者能够读懂公司财务报表，就能更好地了解一家公司的业绩情况，就会对选股及是否长期持有股票、购买基金等各类理财产品有所帮助，更好地做出投资决策。

（二）企业老板

企业老板一般是业务出身，对财务专业知识比较欠缺，经常会因为不太懂会计、财务管理、税法等知识而碰壁。例如，大部分企业老板决定做某项新业务，或进行业务谈判，因不懂财务，后续经常会造成不必要的麻烦。

如果企业老板能够花点时间阅读本书，就可以在短时间内简要、系统了解财会逻辑，就能更好地把握公司财务状况，较无障碍地与财务人员交流。企业老板决定业务或谈判业务时，也能自己当场大方向先把好财务关，提高效率，减少甚至避免后续不必要的麻烦。

（三）企业非财务岗位员工

（四）企业想转财务岗位员工

（五）想试考各种会计证但没有基础的人群

（六）非会计专业但想了解会计的在校大学生

（七）有意向大学读会计、财务、金融、经济等专业的高中生

（八）其他对财务会计感兴趣的人群

如果你属于以上（三）~（八）类人群，你可能觉得市面上会计书籍都较厚，又看不懂，实在难以下咽，即使大体看懂了也是迷迷糊糊，没有实质收获，那么阅读本书将是最省时、最有效的途径。这本书给你启蒙，指引你，让你掌握财会最精华的逻辑原理，让非财务岗位员工工作起来更加得心应手，更好地与财务同事交流，转财务岗位也比较有底气，让考证人群和学生事半功倍，学有所获，考各类会计证都没有问题。

六、阅读提示

在阅读本书的时候，首先，请你一定从头按顺序读下来。因为会计准则和税法是一个勾稽性很强的知识体系，一环扣一环。其次，你还得系统全面阅读。你可以每个点简要了解，但必须得全面阅读，否则，只是盲人摸象，摸清其一，不知其二，不能融会贯通。最后，在阅读本书的时候，大家不用死记，理解完有个印象就行，今后如果真的从事财会行业再去深入学习。我希望大家能带着一种有

趣的、把玩的态度来阅读本书，享受会计带给大家的那种很有意思的获得新知的快感。

值得提醒各位企业老板的是，本书只是会计和税法普及性书籍，没有也无必要深入囊括所有会计准则及税收法律法规等。在实际经营企业过程中，会计准则和税收政策其实是十分复杂、细碎的，内容很多，更新很快。财务人员一般要精通会计和税法才能真正做好财务工作。本书只是让各位老板认识会计和税法，学会更好地与财务人员沟通，但真正遇到会计和税法问题时，还要深入咨询公司的专业财务人员，在透彻理解会计准则和税收政策，谨慎考虑公司各种情况的基础上，做出正确的决策。如果因为阅读本书后，遇到实际问题时鲁莽行事，做出错误的决策，而给公司造成损失，本书笔者及相关团队概不负任何责任。

七、感谢及祝福

本书是会计普及性书籍，是写给非财务专业人士看的，所讲的内容和例子都是最常见的，专业人士请勿深究。但是，单从普及的角度出发，由于笔者水平有限，编写时间仓促，本书难免会有错误和不足之处，恳请广大读者朋友们指正。在此先向各位表示感谢！

特别感谢余少勇先生和罗铭先生为本书的出版所做的努力！祝愿此书能给广大读者朋友们带来帮助，达到普及教育之目的，实现其应有的社会价值。

最后，祝福各位身体健康、万事如意、心想事成！

吴　骁

2020 年 2 月 20 日

目　录

会计部分

税法部分

会 计 部 分

      会计部分共三章，其中第二章是本书的核心。第二章根据财务报表格式按顺序逐一向大家详细介绍四张财务报表的各个项目。但是，财务的全部并不只有这四张核心财务报表。由于公司财务部门开展的工作是公司最主要、最相关的工作，财务人员不仅要懂会计，还需要有大量的经济知识储备和高远的眼界，需具备一些公司运营的相关知识及经验。因此，第一章先向大家介绍了企业的一些基本知识，包括企业类型及公司治理相关知识。第三章进一步教大家如何利用四张财务报表进行相关财务分析，从财务角度发现公司管理漏洞。

第一章　企业与会计概述

本章共四节，主要进行企业与会计的综述。在讲会计之前，前两节讲述企业发展历程以及公司治理的一些基本常识，第三节了解公司财务报告的结构及框架，主要是四张财务报表及附注，第四节了解公司是如何做账的。

第一节　企业发展历程

本节主要讲述企业发展过程中形成的三种企业类型及其特征。深入了解企业发展历程，可以让我们更好地理解公司财务报告。

企业分为个人独资企业、合伙企业和公司制企业三种类型。公司制企业又分为有限责任公司和股份有限公司。我们平时所说的上市公司一般指股份有限公司。

企业分为这三种类型，是有其原因的，是企业在一步步的发展过程中逐渐形成并区分出来的。企业类型的划分，与企业资金需求的多少、经营年限的长短和承担责任的大小有关。所谓资金需求的多少，是指企业发展规模越大，越要筹集大家的钱才能集中办大事。所谓经营年限的长短，是指企业持续经营时间的长短。所谓承担责任的大小，是指无限责任和有限责任。这些都会在后续进行详细介绍。

一、个体工商户

在注册企业之前，还有一个非企业的经营个体，就是我们所熟悉的个体工商户。

个体工商户，是商业发展的萌芽阶段。这时候它还称不上是一家企业，只能算一个个体、一小家、一小户。个体工商户老板叫户主。

一个人想创业，想搞副业，手头没有太多钱，也没有什么人手，几乎只能靠自己单打独斗，做点小本生意。这个阶段就是商业最早的初创期。户主只能以自己的一点生意本钱去经营一家小作坊、小衣服店或小餐馆，每天一个人或是一个小家庭从早忙到晚，赚一点小钱维持生计，很辛苦。

个体工商户的经营年限也与老板个人有很大关系，由老板自行决定。因此，个体工商户的经营年限有限，没有持续性，因为人的精力总是有限的。

这个阶段，老板承担的责任很大。老板与他（她）注册的这家个体工商户捆绑在一起。老板要对个体工商户的一切负责任，主要指对债务承担无限责任。所谓无限责任就是个体工商户所欠别人的钱，老板砸锅卖铁倾家荡产都要还清。这与后面要讲的有限责任相反。

二、个人独资企业

个人独资企业，是企业发展的早期阶段。个人独资企业的老板叫企业主。

当个体工商户发展到一定阶段，户主觉得可以赚到钱，想扩大规模，投入更多资金，这时他（她）就可以注册一家个人独资企业。顾名思义，个人独资企业只由老板一人出资。由于企业规模大起来了，企业的资产、员工等也相应变多了。

类似个体工商户，个人独资企业的经营年限也是有限的，没有延续性，跟老板息息相关。老板也对个人独资企业债务承担无限责任。

三、合伙企业

合伙企业，是个人独资企业与公司制企业之间的过渡阶段。一起做生意的老板叫合伙人。

当一个人不满足于个人独资企业，想把生意继续做大，而自己的资金又不够，能力专长也不足，他（她）就开始考虑找几个人合伙做生意。大家各出一部分钱，便解决了资金上的问题。三人行，必有我师，各合伙人还可以集思广益，发挥各自专长，取长补短。合伙企业开创了由一人到多人合作的企业类型。

合伙企业与个人独资企业类似，只不过是由多人共同出资，多人共同承担无限责任。合伙企业的经营年限也是有限的，一般也与各合伙人做企业的年限和精力有关。

但是，多人合作的矛盾也随之而来。相对于单打独斗，合作经营虽然有利，但一些多人合作办事情的弊端也在合伙企业中显现出来。为了公平解决这些弊端，尽量避免发生争执，随着合伙企业的发展，合伙企业区分为三种类型：普通合伙企业、特殊的普通合伙企业和有限合伙企业。

（一）普通合伙企业

普通合伙企业除了多人合伙外，与个人独资企业最为类似。企业赚到钱了，每人按出资比例分钱，这个好说，大家也觉得是这个理。但是，当企业欠债了，或打官司输了要赔钱了，多人要共同承担无限责任，砸锅卖铁偿还清楚。提醒大家一点，这个责任是连带责任。

所谓连带责任就是债主可以找合伙企业的任意一个合伙人讨钱，爱找谁找谁，谁被找上门了就算谁先"倒霉"。例如，对方看其中一个合伙人比较有钱，就可以找他（她）讨所有钱，这位有钱人还不能拒绝赔偿。赔完后，这位有钱人虽然可以再找合伙企业中的其他合伙人要回，但总归比较麻烦。

这就显得有些不公平。因为企业欠债了，可能只是由其中一人或几人的责任导致，并不能把责任归为所有人。没责任的人没有理由也参与进去砸锅卖铁偿还。为了协调这个矛盾，特殊的普通合伙企业诞生了。

（二）特殊的普通合伙企业

特殊的普通合伙企业是普通合伙企业的特例。一般情况下，特殊的普通合伙企业跟普通合伙企业一样，大家都承担无限责任。但是，它的特殊性在于，如前所述，债务需要偿还时，在能够分清责任的特定情况下，那些负主要责任的人，需要承担无限连带责任，而那些无关的人，仅仅以其出资额为限承担有限责任，不用再砸锅卖铁去偿还债务了。

何为主要责任？一种情况是，如果一个人故意瞎搞，使合伙企业欠下一大笔债或败诉需要赔一大笔钱，他就要负主要责任。另一种情况是，一个人不是故意，而是不小心，但这个不小心导致了很严重的后果，这个不小心已经严重到不能原谅了，同样要负主要责任，这就是重大过失。例如，一个人坐飞机不小心迟到了没赶上飞机。如果他（她）只是去旅游，那没关系，可以原谅。如果他（她）是代表企业去谈一个大单，就因为不小心延误，还急急忙忙未看清条款就签合同，后续进展也很草率，导致企业损失惨重欠下债务，那就不可原谅，是重大过失。

会计师事务所和律师事务所一般就是这个类型。合伙人带队给公司做审计或帮忙上法庭打官司，出了事情这个合伙人来负责，承担无限责任，其他合伙人承担有限责任。

但是，是否负主要责任有时其实很难确定。为了逃避责任，大家总是公说公有理，婆说婆有理，会产生争议和扯皮。为了明晰责任界限，随着合伙企业的发展，又出现了一个新的企业类型——有限合伙企业。

（三）有限合伙企业

有限合伙企业是合伙企业中最接近公司制企业的一种类型。有限合伙企业干脆规定，有些人就是承担有限责任，有些人就是承担无限责任。承担有限责任的合伙人，称为有限合伙人，适合一些胆小的，不敢冒险，不参与经营，只负责出资和分利润的人。承担无限责任的合伙人，称为普通合伙人，适合一些胆大的，敢于冒险，希望参与经营和掌管企业的人。

值得注意的是，经营过程中，一个有限合伙人新入伙，他（她）对入伙前企业的债务也应该承担有限责任，不能因为他（她）入伙之前没参与就不承担责任。若有限合伙人退伙，对其退伙前相关的债务仍应承担有限责任，不能因为他（她）退伙，就觉得这个企业再也跟他（她）没关系了，就甩手走人什么都不管了。有限合伙人转为普通合伙人，既然这么大胆敢转，那他（她）就要对其转之前还是有限合伙人期间的所有债务承担无限责任，而不再是有限责任。有限合伙人对转为普通合伙人之后的债务，承担的肯定是无限责任。

同理，一个普通合伙人新入伙，他（她）对入伙前企业的债务也应该承担无限责任。若普通合伙人退伙，对其退伙前相关的债务仍应承担无限责任。普通合伙人转为有限合伙人，要敢做敢当，对其作为普通合伙人期间的债务仍应承担无限责任，不能因为胆子小了、退缩了就不对其胆大时让企业欠下的债务承担无限责任。普通合伙人对转为有限合伙人之后的债务，才承担有限责任。

但是，既然还是合伙企业，就需要有人承担无限责任。因此有限合伙企业里，至少要有一个人是普通合伙人，承担无限责任。否则，如果所有人都承担有限责任，那就不是合伙企业了，合伙企业就必须解散了。

我们可以发现，企业发展到有限合伙企业这个类型，越来越像公司制企业了。是的，如果有限合伙企业所有人都承担有限责任，就是公司的雏形了。

四、公司制企业

公司制企业，是一种现代企业类型，简称公司。公司制企业又分为有限责任公司和股份有限公司。公司的投资者叫股东。公司制企业跟别的企业类型最大的不同在于，公司是一个独立法人。

何为独立法人？法人，就是法律上的人。也就是说，在法律面前，公司和我们一样，都被视为一个人来看待，只不过我们人是有生命的自然人，而公司没有自然生命，叫法人。

一个公司既然在法律面前和我们一样是一个人，那公司就应该是独立的一个人。因此，可以这样理解：一个人创立了一个公司，那么这时就有两个人，一个是老板自己，是自然人；另一个是公司，是一个独立的法人。

既然公司是独立的法人，那么这个公司的所有财产，就都是公司的，而不再属于老板了。例如，一个人投资了1000万元创立了一家公司，那么这个1000万元以后就属于公司的，而不再是老板的了。这样一来，老板就不能随随便便拿回这1000万元了，除非老板决定撤回投资，或公司这个独立法人决定给老板分红。

我们打个比方解释独立法人。公司老板通常会有这样一种情怀，他（她）会觉得一个公司就像他（她）的孩子一样，对公司很有感情。老板创立公司，就好比生了一个小孩，这个小孩就是一个独立的人。你给小孩100元零花钱，这钱就是小孩的了，就不是你的了。除非你决定要回这100元（撤回投资），或者小孩愿意给你10元（分红）。

值得注意的是，公司虽然是一个独立法人，但它毕竟只是一个法律上的人，没有脑袋、眼睛、耳朵、嘴巴、身体、四肢，不会听说读写，不会处理事情。当公司利益受损时，它不会拿起法律武器为自己维权。因此，法律规定要有一个自然人来代表公司处理事情以及维权。这个自然人就叫公司的法定代表人，也叫法人代表，一般由公司的老板来担任。

这就好比一个还未成年的小孩还不懂事，还没有能力自己处理事情，需要由家长替小孩做决定。当小孩在外面被欺负时，也需要家长出面为小孩公平解决问题，维护利益。家长就是这个小孩的监护人，代表这个小孩与这个社会打交道。

既然老板是这个公司的法人代表，替公司决定事情，那么虽然公司是一个独立法人，但老板权力也很大，公司就得听老板的。因此，老板可以决定公司所要经营的业务，可以决定公司是否向老板分红，分多少，或者当公司经营不善时是否撤回投资等事项。

这就好比孩子虽然是一个独立的人，但孩子还是得听家长的话。家长可以引导，让孩子做什么和不做什么，可以让孩子分给家长 10 元零花钱，或者当孩子不乖时干脆收回之前给的 100 元零花钱。

讲到这里，我们已然感受到了，独立法人是公司制企业最大的特征。个人独资企业和合伙企业都不是一个独立法人。这两类企业的财产与老板都没有单独区分开来，都是老板的，老板直接控制这些财产，可直接撤回投资和分红。相反，因为公司是独立法人，老板只能间接控制公司的财产，通过替公司做决定的方式撤回投资和分红。

看到这里大家会觉得，无论直接控制还是间接控制，实质最终都是老板在控制。那么独立法人的优越性体现在哪里呢？没错，还是离不开本节开始时说的那三点，资金需求的多少、经营年限的长短和承担责任的大小。

公司制企业相比个人独资企业和合伙企业，资金需求呈指数型增长。独立法人使公司能够更广泛地向社会投资者筹集资金，是集中力量办大事的最好体现。公司的投资者叫股东。股东之间可以互不认识，只要有资本，愿意投资，某人就可以成为公司的股东。这打破了以往大多靠朋友关系合伙创立企业的局限。有限责任公司毕竟还没有上市，股东人数还算比较少，资金来源还是比较局限。上市的股份有限公司，把股权细分成一份份股票，只要买一手（100 股）股票，就可以成为公司的股东，这更显示出独立法人向社会公众广泛筹集资金的优势。

股东按出资比例决定其在公司话语权的大小和分红的多少。出资较多的叫大股东，出资较少的叫中小股东。出资比例大于 50% 的股东叫绝对控股股东，因为别人的股份即使全部加起来也不可能比他（她）还多，他（她）绝对比别人多。出资比例虽然未大于 50%，但别人的股份都比较少比较分散，例如，一个人独占 40%，其余 12 个人每人占 5%，合计 60%，那么这个人叫相对控股股东。之所以说是相对的，是因为别人的股份都比较少，他（她）相对来说是控股的。但这并不是绝对的，因为存在一种情况，就是这 12 个人有可能联合起来一致行动，这 60% 显然就比 40% 多了。

公司制企业具备了独立法人特征，公司的经营年限，也不再受自然人生命年限的限制。个人独资企业和合伙企业，因为不是独立法人，与老板生命年限相关。一般来讲，当老板老了，没精力再做了，企业也就不会再经营下去了。但公司不一样，特别是上市的股份有限公司，股票在交易日时刻进行着，大家可以通过买入股票成为股东，也可以通过卖出股票而不再是股东。这样，公司并不会因为某个股东老了就经营不下去。公司只要不破产不被清算，就会持续经营下去。公司持续经营，为公司业务的长期发展提供了最基本的时间保障。

公司拥有独立法人地位也意味着，股东只需承担有限责任即可，即仅以其出资额为限对公务所欠下的债务负责。这其中的道理在于，既然公司是独立法人，那么公司在经营过程中欠下的债务，都是以公司的名义。公司跟别人产生商业纠纷，上法庭败诉需要赔偿时，都是以公司的名义，不能再把股东也拉进无底洞来承担责任。所以，公司只能以自己作为独立法人所拥有的全部财产偿还债务。公司作为独立法人拥有的所有财产，就是股东投入的资产以及经营这些资产为公司所赚到的钱。如果公司所有的财产还不足以抵偿债务或赔款，那不好意思，不能再找股东索赔了。债权人可以向人民法院申请将公司破产清算后分掉公司的所有财产，如果还不够分只能自认倒霉，不能再找股东讨了。如此，公司独立法人相当于一道防火墙，为公司的股东提供了极大的安全感。

正因为公司独立法人所具备的这三个特征，才使投资者可以量入为出为公司提供资金支持，无后顾之忧，才使公司能够做大做强，集中力量办大事，才使公司制企业成为现代的主流企业类型，为经济发展注入了更多活力。

当然，独立法人也给公司带来一些不利的地方，我们将在第二节进行介绍。

讲到这里，我们可以用表1-1清晰地对三种企业类型进行对比总结。

表1-1　三种企业类型特征对比

	个人独资企业	合伙企业			公司制企业	
		普通合伙企业	特殊的普通合伙企业	有限合伙企业	有限责任公司	股份有限公司
资金需求	小	中等			大	极大
经营年限	有限，一般与自然人业主生命年限相关	有限，一般与各合伙人生命年限相关			持续经营，除非破产清算	
业主承担责任	无限	无限连带	一般情况下都无限连带。特定情况下，主要责任人无限连带，其他合伙人承担有限责任	普通合伙人无限连带，有限合伙人承担有限责任	有限	

至此，本节企业发展历程已经全部讲完。接下来，我们将对公司制企业中的公司治理进行讲解。

第二节　公司治理

企业发展到公司阶段，特别是一个集团，公司的人数可谓非常多了。我们通常说，管人是最难的。一个公司有这么多人要管理，可以说是难上加难了。

管人难，无非是因为人有欲望。人们的欲望表现在对名和利的追求，并且希望承担的责任越少越好，也就是权、利、责三方面，即权力、利益和责任。

为了管理好这么多人，经过长时间不断地研究和改进，人们形成了一套治理公司的方法，这就是公司治理。公司治理，就是为了解决公司中人们的权力、利益和责任的分配，让大家觉得公平合理，不至于出现有人位高权重责任轻，钱多事少离家近的情况。

一、公司治理问题

公司治理有三大问题：一是经理人对于股东的"内部人控制"问题；二是终极股东对于中小股东的"隧道挖掘"问题；三是企业与其他利益相关者之间的关系问题。现在对这三个问题进行详细介绍。

（一）经理人对于股东的"内部人控制"问题

我们已经知道，公司制企业是一个独立法人。独立法人使公司实现大规模发展的同时，也给公司带来一些弊端。股东们出钱投资公司，公司的所有权就是股东的。但是，股东们只想出钱赚分红，不想经营公司。于是，股东们就要聘请职业经理人来经营管理公司。所以，公司的经营权就在职业经理人手中了。这样，股东们就不必亲力亲为，而是委托职业经理人来打理公司，并给予其报酬。职业经理人受股东委托，领着年薪而打理公司。试想，一个公司是你的，你却雇别人来打理，这必然会产生问题。公司经营权和所有权的分离，给公司带来委托代理问题。虽然经理人受雇于股东，但经理人手中掌握的实际资源和权力比股东大得多，甚至可以控制整个公司，这就是内部人控制。

委托代理问题的根源是信息不对称，表现为雇用前逆向选择和雇用后道德风险两类问题。

信息不对称很好理解。你是你，别人是别人，股东是股东，经理人是经理人。你雇别人来帮你经营公司，你不可能完全了解他（她）的情况，他（她）也不可能告诉你所有事情。双方互相知道的信息是不一样、不对称的。

雇用前信息不对称，是说你要雇一个经理人，你却不知道他（她）的真实能力怎么样，因为只有他（她）自己才知道自己真实能力怎么样。没办法，你只能通过他（她）的简历来了解他（她）的学历，了解他（她）之前的工作经验。但是，毕竟简历是他（她）自己写的，你也不知道里面有多少水分。我们挑选人才，建立在了解的基础上才能做出正确的选择。但是现在的情况是，你不了解这些职业经理人却要去选择他们，这就是逆向选择。

雇用后信息不对称，是说你只出钱，雇人经营，那么经营者所掌握的信息就比你多。即使经理人向你汇报经营情况，你也不可能了解到所有信息。更何况，有些事情经理人并不想让你知道。那么这时，就要看这个经理人的道德素质如何，是否尽职尽责为你工作。这就是道德风险。

因为经理人与股东存在着利益不一致和信息不对称，经理人若存在道德风险，他完全可以不顾股东，利用在职便利为自己谋利益，而不是为股东谋利益，这样就不会为公司创造价值。他可以上班偷懒敷衍，拖拖拉拉不好好工作，也可以乱花股东的钱，享受过高的在职消费，盲目投资各种项目，等等，反正最后亏的也不是他自己的钱，相反他还会拿到保底年薪。但这样做也会对他个人的声誉造成一定的影响。

为了解决雇用后的这些问题，你可以采用以下几种方法：

（1）你跟他（她）签订合同的时候，合同就要写清楚，他（她）可以干什么，不能干什么，如果违反了，要赔偿你多少钱。

（2）对他（她）进行监督，例如大公司有监事会监督，让经理人平时为你好好做事情。

（3）给他（她）一些激励，例如年薪的多少与业绩挂钩，给他（她）一些股权激励，等等。

（二）终极股东对于中小股东的"隧道挖掘"问题

终极股东就是大股东。一个公司的矛盾除了经营权和所有权分离所带来的股东和经理人之间的矛盾，还体现在股东自己圈里的大股东和中小股东之间的矛盾。

我们经常听到大股东侵蚀小股东利益的事件。例如，大股东仗着自己股份较多，决定权较大，操纵会计利润，财务造假，与公司进行一些关联交易和利益输送，将公司的资产和利润转移到自己口袋里；还通过一些高派现，低价收购股票等方式为自己谋利益。这些行为，中小股东有时不知道，我们把这些损害中小股东利益的行为形象地比喻为"隧道挖掘"，即在暗地里挖中小股东的利益。

（三）企业与其他利益相关者之间的关系问题

公司的利益相关者不仅包括我们上面讲的股东和经理人，还包括一些其他利益相关者。公司也应尽可能为这些其他利益相关者谋利益，使公司长远发展。

公司的债权人、员工、供应商、顾客等，这些都是与企业签订合同的利益相关者，例如，借贷合同、劳动合同、购销合同等。对于这类利益相关者，只要合同条款合理，就能对公司起到约束作用，使公司不敢侵害他们的利益。

社区、政府等，这些都没有与企业签订合同，但也是公司的其他利益相关者。这就要靠公司自觉为这些非合同利益相关者谋利益了。一个有社会责任感的公司，不仅应该以赚钱盈利为目的，还应该做一些对社会有意义的事情，例如保护环境，为所在地区的发展贡献自己的一分力量，等等。这些行为反过来可以提高公司的声誉，为其长远发展奠定基础。

二、公司治理内部结构和外部机制

为了解决这三大问题，需要从公司内外部下功夫，双管齐下，以尽量遏制这些问题。内部，公司要合理设计和执行内部治理结构；外部，相关市场要完善良好的外部治理机制。

（一）公司内部治理结构

公司的内部治理结构从上到下分别为股东大会、董事会（受监事会监督）和高级管理人员。高级管理人员包括经理、副经理、财务负责人和董事会秘书。

这里的经理是指总经理，副经理是指副总经理，并不是指我们平时说的财务经理、销售经理、售后经理等职能部门经理。这些职能部门经理连高级管理人员都排不上号。有些人听到别人都叫总经理为"总"，还以为总经理就是一个公司最大的，其实这是一个误区。我们可以看到，股东大会、董事会、监事会都比总经理大。

股东大家都很熟悉。股东分为普通股股东和优先股股东，我们买股票后一般都是普通股股东。

普通股股东享有以下权利：

（1）剩余收益请求权。这就是说，公司赚到钱了，得先给员工发工资，得先偿还债权人利息和本金等，最后剩下的才是普通股股东的。因此，普通股股东所承担的风险比员工和债权人大。员工干了多少活就得给多少钱，不能拖欠。债权人借你钱，你要是不还或还不起，他会直接把公司告上法庭甚至搞破产。因此，如果公司效益不好，不好到连工资都发不出去，连债务都还不起，那普通股股东更是血本无归了。

（2）剩余财产清偿权。这就是说，在公司破产清算时，公司剩下的财产，依然要按顺序先给员工发工资、交社保等，再把所欠的税款缴清，最后把债务给偿还了，剩下的钱普通股股东才能分。如果破产清算时连工资都发不出去，连欠税都缴不起，或者连债务都还不起，按顺序排到哪类人还不起，那一类还得按比例来分配剩余财产，普通股股东当然一分钱都别想拿到。

（3）监督决策权。我们常听到股东"用手投票"和"用脚投票"这两个词，这与监督决策权有关。"用手投票"就是说股东有权参加股东大会，按股份比例投票参与公司的经营决策，决定公司的一些重大事项，我们将之形象比喻为用手好好干活，好好监督和决策。"用脚投票"是说当你对这家公司不满，不想再参与这家公司的任何事情了，就可以把股票转让卖掉，我们将之形象比喻为一脚把它踢开。

优先股股东和普通股股东一样，也享有排在员工、债权人之后的剩余收益请求权和剩余财产清偿权，只不过在股东这个层级，优先股股东比普通股股东更优先分利润和财产。因此一般顺序是这样的：员工、债权人、优先股股东、普通股股东。

另外，优先股股东只能拿固定股利，实质上和债权人拿固定利息一样。而普通股股东则多赚多得，少赚少得，不赚不得，没有固定，风险和波动较大，有时收益也较大。

可是鱼和熊掌不可兼得，既然优先股股东比普通股股东在剩余收益请求权和剩余财产清偿权方面顺位在先，在监督决策权方面就要受到限制。优先股股东正常情况下不能出席股东大会，没有表决权，不能参与正常的投票监督决策，除非要讨论的事情与优先股有关。例如，公司要合并、分立、解散、变更公司形式这些大事，危及到优先股股东，或者公司打算再次发行优先股，或者公司要修改公司章程中与优先股有关的内容。再如，公司一次或累计减少注册资本超过 10%，有点让优先股股东担忧，心里开始打鼓再这样下去能不能分到钱，这时就不受限制。

但是，当连续 2 年或累计 3 年公司未按约定支付优先股股息时，优先股股东表决权恢复，所占股份比例按公司章程规定换算，可以跟普通股股东一样出席股东大会，参与投票决策。这也给优先股股东提供了很大保障。

小结一下，对于优先股股东，大体上就是如果你好好给我钱，我就不闹事，公司的事情我也不会多管，除非你动到我了。你不给我钱，我会给你一些时间改正，你再不改我就要出手，参与投票表决。

讲完了两个股东，我们来讲讲股东大会。

大家在看接下来这些内部治理机构所管辖的事情时，按正常的思路去理解，就会觉得很有规律。正常的思路是，上一级管下一级的那几个领导，有权对下一级的那几个领导进行聘任和解聘，并决定其报酬的多少。下一级最大的领导可以向上一级提名其所在级其他小领导的人选。上一级要审批的事项，由下一级制定完方案后，提交上一级审批。

股东大会是公司的最高权力机构和决策机构，处于治理结构的最上层，是非常设机构。上市公司的年度股东大会一般是一年结束后 6 个月内举行。

股东大会的职权是决定公司的经营方针和投资计划，以及审议批准一些公司重要事项，即对一些重要事项做出决议，决定公司战略层次的内容。

例如：审议批准董事会的报告、监事会或者监事的报告、公司的年度财务预算方案、决算方案、公司的利润分配方案和弥补亏损方案；对公司增加或者减少注册资本作出决议；对发行公司债券作出决议；对公司合并、分立、解散、清算或者变更公司形式作出决议；修改公司章程；等等。

股东大会管理公司的董事和监事，有权选举和更换由非职工代表担任的董事、监事，决定有关董事、监事的报酬事项。当然，由职工代表担任的董事、监事，由职工大会去选举和更换。

股东大会开会时，有以下几种通过方式：

一般事项只需要出席大会的股东过半数（＞1/2）通过即可。

特殊的重大事项，比如修改公司章程、增加或减少注册资本、公司合并分立解散和变更公司形式，需要出席大会的股东 2/3 以上（含 2/3）通过。

以上两种方式，当决议的事情跟其中一些股东的利益相关时，这些股东要回避，不能出席大会投票。

这里提醒广大想创业的老板们注意，在一开始与别人分股权时，不要以为 51% 就可以控制公司了，有些重大事项需要 2/3 以上通过，所以股权比例要 67% 以上才是绝对控制的。

另外，当所涉及的事情是与优先股股东有关的事情时，优先股股东也要参加，那就要分两间会议室开会了。普通股股东一间，优先股股东一间，两间都要出席大会的股东 2/3 以上通过才行。

董事会是股东大会闭会期间的常设机构，主要负责执行股东大会做出的重要决议。

股份有限公司董事会成员为 5～19 人，董事会成员中可以有公司职工代表。

董事会的职权是决定公司的经营计划和投资方案，制订一些事项的方案呈请股东大会审批，具体是前面讲股东大会时提到的那些事项。

董事会管理经理、副经理和财务负责人，可以对其聘任或者解聘，决定其报酬。董事会还负责决定公司内部管理机构的设置，并制定公司的基本管理制度。

董事必须履行善管义务和竞业禁止义务。善管义务是指董事要善于管理，尽心、尽职、尽责管理。董事要忠于公司，维护公司的利益，维护公司资产安全，不能挪用侵占公司资产。董事在董事会上还应谨慎行使投票权，如果乱投票，给公司造成损失，是要被追究责任，并且要赔偿的。竞业禁止义务是指董事不能私底下经营与公司同类业务，与公司竞争。如果董事私下经营，取得的收入会被公司没收。

说到董事，大家最常听到的是一些高校的教授等担任公司的独立董事。独立董事是独立于公司之外的，与公司没有业务上联系的董事。独立董事需要对事务做出独立判断，发表独立意见。上市公司董事会成员中应当至少 1/3 为独立董事。上市公司董事会、监事会、单独或者合并持有上市公司已发行股份 1% 以上的股东可以向公司提出独立董事候选人，并经股东大会选举决定。

既然是独立董事，有些人员因为不独立，就不能当。例如，一些亲戚，在上市公司或者其附属企业任职的人员及其直系亲属（配偶、父母、子女等）和主要社会关系（兄弟姐妹、岳父母、儿媳女婿、兄弟姐妹的配偶、配偶的兄弟姐妹等）。另外，为上市公司或者其附属企业提供财务、法律、咨询等服务的人员也不能成为独立董事。这就相当于参加比赛的运动员不能当裁判一样，如果当了，自己判自己，比赛结果就不客观、不独立了。

董事会下设几个委员会，比较常见的有四个：战略决策委员会、审计委员会、薪酬与考核委员会、提名委员会，分别履行各自的职责。独立董事应当在委员会成员中占有 1/2 以上比例。审计委员会中至少有 1 名独立董事是会计专业人员。

监事会是公司中履行监督职能的机构。股份有限公司监事会成员不得少于 3 人。有限责任公司，股东人数较少和规模较小的，可以设 1~2 名监事。

董事、高级管理人员（经理、副经理、财务负责人和董事会秘书）不得兼任监事。

监事会应包括股东代表和适当比例的职工代表。其中，职工代表的比例不得低于 1/3。监事会中的职工代表由公司职工通过职工代表大会、职工大会或者其他形式民主选举产生。

经理层负责公司日常经营管理，主持公司的生产经营管理工作，组织实施董事会决议及董事会制定的一些经营计划和投资方案，制定公司的具体规章。经理层还要拟定公司内部管理机构设置方案和公司的基本管理制度以供董事会做出决定。

另外，经理层还可以向董事会提名副经理、财务负责人，并有权决定聘任或者解聘除应由董事会决定聘任或者解聘以外的其他负责管理的人员。

我们可以用表 1-2 总结公司内部治理机构的职权。四个机构的每个点的职权互相对比着看，就能发现一级管一级的职权设计总体逻辑。

表 1-2　公司内部治理机构职权

机构	职权	具体职权
股东大会	决策	①决定公司的经营方针和投资计划 ②审议批准重大事项 ③聘任由非职工代表担任的董事、监事，并决定其报酬
董事会	执行	①决定公司的经营计划和投资方案 ②制定方案给股东大会审议批准 ③聘任经理、副经理和财务负责人，并决定其报酬 ④决定公司内部管理机构的设置，制定公司的基本管理制度

机构	职权	具体职权
监事会	监督	监督董事和经理层
经理层	组织实施	①主持公司的生产经营管理工作 ②组织实施董事会决议及方案 ③向董事会提名副经理、财务负责人，并聘任其他管理人员 ④拟定公司内部管理机构设置方案和公司的基本管理制度以供董事会做出决定 ⑤制定公司的具体规章

至此，股东大会、董事会、监事会形成决策、执行、监督三权分立结构，三角结构互相制衡，为公司的可持续发展保驾护航。

（二）公司外部治理机制

单靠公司内部治理结构无法解决所有的公司治理问题。因此，我们还需要靠公司外部治理机制，通过几个外部市场对公司进行监督和约束。

公司外部治理机制主要包括产品市场、资本市场和经理人市场三个市场。因为一家公司经营得好不好，最终还要看负责组织和实施方案的总经理，因此外部治理机制主要约束经理人的行为。

这三个市场都很好理解。市场的本质就是竞争。有竞争，经理人才会做得更好，做得差的就要被换掉。

在产品市场上，如果公司的产品和其他产品竞争越激烈，那么经理人压力就越大，就越要做好。如果做不好，经理人就面临失业风险，被股东和董事认为能力有问题。

在资本市场上，如果经理人做得不好，公司业绩下降厉害，股票下跌，那么就有人出资来对公司进行收购兼并重组。收购兼并重组完后，经理人将被新的收购方换掉。即使没有被收购兼并重组，经理人做得差也会被换掉。

在经理人市场上，猎头都是帮公司挖掘一些优秀的职业经理人精英。如果经理人做得不好，那么他的声誉将会下降，不仅会被现在的公司换掉，其他公司也不愿意聘请他。这对他未来的发展可以说是致命的打击。只有好好干活，职业经理人的声誉才会好，公司才会满意，其他公司也才会很愿意挖他，即使自己离职了，也有好地方去。

另外，除了公司内部治理结构和外部治理机制外，还有公司信息披露制度、评价公司财务信息和治理水平的信用中介机构、保护投资者利益的法律法规、政府监管以及媒体和专业人士的舆论监督等，这些都对解决公司治理问题起到一定的作用。

至此，公司治理问题我们已全部介绍完毕。这两节让大家了解了企业发展历程和公司治理后，接下来正式进入大家期待已久的财务会计。希望前两节企业常识的讲解会给大家打下一个很好的基础。

第三节　公司财务报告

本节主要讲述公司财务报告，也就是我们经常听到的上市公司发布的年度报告、半年度报告、季度报告中跟财务有关的部分。

公司财务报告分为资产负债表、利润表、现金流量表、所有者权益变动表四张财务报表以及附注披露。投资者一般关注前两张报表，即资产负债表和利润表，有时也会关注现金流量表，最后才是所有者权益变动表。这四张财务报表之间相互有关联关系，数字来来去去都可以对得上。而附注披露则是对四张财务报表的一些项目进行说明，让投资者获得更多的信息。看懂了这四张表，也就差不多了解了一家公司的财务情况。

本节主要介绍四张表的整体结构及数字之间如何关联勾稽，至于每张表里的明细项目，我们放到第二章进行详细讲解。这样安排的好处是由面及点，先让大家从总体上了解这四张表，再深入理解每一个细节。

在了解这四张财务报表前，我们要先搞清楚这些财务报表是为谁而编制的。我们已经知道，公司是一个独立法人，因此，这些财务报表的会计主体一般是公司，反映公司的财务情况。我们在理解财务报表时一定要有独立法人公司的概念。如果不清楚独立法人公司概念请先返回看第一节。

当然，如果一家法人公司有好多个品牌，那么也可以为各个品牌分别做账编制这一套（四张）报表。这样有多少品牌，就有多少套报表。相应那套报表的会计主体就是某个品牌，而不是整个公司。如果要看这家法人公司所有品牌加在一起的整体财务情况，那还要编合并报表，把所有品牌的报表合并到一起。合并报表是如何编出来的，我们后面还会介绍。

一、资产负债表

资产负债表简要结构如表1-3所示。

表1-3　资产负债表简表

资产	负债
	所有者权益

资产，如现金、银行存款、办公电脑、公司的房屋和车辆等，甚至可以是公司拥有的一项专利技术。

那么公司购买这些资产的钱是哪来的？无非两个来源，自己出钱和向别人借钱。因此，这些资产有些是投资者股东自掏腰包投入的，有些是向银行贷款或发行债券向别人借钱买的。

向别人借款的钱，就是负债，列在这张表的右上方。欠别人的钱总是要还的。

股东投入的钱，就是所有者权益，即归属于这家公司的所有权人的权利和利益。所有者权益列在这张表的右下方。

因为公司购买资产的钱无非是股东自己出钱和向别人借钱，即资金无非来源于债权人和股东，因此公司资产＝负债＋所有者权益，即这张表左边所有资产加起来的金额，等于右边负债和所有者权益加起来的金额。换句话说，资产－负债＝所有者权益，公司的资产扣除要偿还的负债，剩下的就是归属于股东的所有者权益。

下面举几个简单的例子。请注意，会计部分这三章除企业所得税外，都先不考虑相关税费，例如，增值税、印花税等，相关税费在税法部分会再介绍。

例 1－1　股东出资 1000 万元创立了公司。

分析：公司资产负债表左边的资产（银行存款）就是 1000 万元，右下边的所有者权益就是 1000 万元。

资产负债表如下：

左边：资产（银行存款）1000 万元　　右边：负债 0 万元

所有者权益 1000 万元

资产总计　1000 万元　　　　　　　负债＋所有者权益总计 1000 万元

例 1－2　公司建了一个店面，可使用 20 年，共花了 400 万元，其中，200 万元动用了投入的 1000 万元，另外 200 万元是从银行借的，年利率 5%。

分析：这时，银行存款还剩 800 万元，营业用的场所 400 万元，公司资产总额变成 1200 万元。公司负债有 200 万元，所有者权益还是 1000 万元。资产＝负债＋所有者权益。

资产负债表如下：

左边：银行存款 800 万元　　　　右边：负债（银行借款）200 万元

固定资产（房屋）400 万元　　　　所有者权益 1000 万元

资产总计　1200 万元　　　　　负债＋所有者权益总计 1200 万元

有些人会问，为什么所有者权益还是 1000 万元？大家可以这样理解：银行存款还剩 800 万元这肯定是股东的。花 400 万元建的店，其中 200 万元也是股东的，加起来就是 1000 万元。总不能说建完店，那钱就没了，毕竟股东也出了 200 万元。

例 1-3 公司用 300 万元进货。

分析：这时，银行存款就少了 300 万元，变成了存货。

资产负债表如下：

左边：银行存款 500 万元　　　　　　右边：负债（银行借款）200 万元

　　　　存货 300 万元

　　　　固定资产（房屋）400 万元　　　　所有者权益 1000 万元

资产总计　1200 万元　　　　　　　　负债 + 所有者权益总计 1200 万元

例 1-4 公司这一年把这些存货卖了，收入 410 万元。公司拿出 10 万元还了银行利息。房屋可使用 20 年，每年折旧 20 万元（房屋折旧后面会讲，先这样简单假设），交了企业所得税 20 万元（企业所得税率一般 25%）后，净利润 60 万元。

分析：

收入 410 万元 - 存货成本 300 万元 - 折旧费用 20 万元 - 利息费用 10 万元 = 营业利润 80 万元

营业利润 80 万元 - 企业所得税 20 万元 = 净利润 60 万元

那么，银行存款在例 1-2 中原来 800 万元，收入 410 万元，进货花掉 300 万元，支付利息 10 万元，支付企业所得税 20 万元，到这时变成了 880 万元（房屋折旧之前 400 万元一次性支付后，每年折旧 20 万元就没有实际支付现金，跟钱无关，后面会讲）。

存货卖掉就没了。

房屋价值按 20 年每年 20 万元在减少，剩下 380 万元。

负债只还利息，本还没还，还是 200 万元。

公司赚的钱扣除利息和所得税后的净利润就是可分红给股东的钱。本例公司赚了 60 万元，加上原来的 1000 万元，所有者权益变成 1060 万元。

资产负债表如下：

左边：银行存款 880 万元 　　　　　右边：负债（银行借款）200 万元

　　　　固定资产（房屋）380 万元 　　　　　所有者权益 1060 万元

资产总计　1260 万元 　　　　　负债＋所有者权益总计 1260 万元

例 1-5　公司纯进账净利润 60 万元赚到钱了，决定给股东分红 10 万元，但还没实际支付。

分析：

那么这时，所有者权益就少 10 万元，变成 1050 万元。虽然还没实际支付，但因为已经决定分红了，这钱注定要从公司这个独立法人分出去给股东，所以要减少。

因为还没付，负债就增加 10 万元（增加的是欠股东的钱，即应付股利），变成 210 万元。

资产负债表如下：

左边：银行存款 880 万元 　　　　　右边：负债（银行借款）200 万元

　　　　固定资产（房屋）380 万元 　　　　　负债（应付股利）10 万元

　　　　　　　　所有者权益 1050 万元

资产总计　1260 万元 　　　　　负债＋所有者权益总计 1260 万元

例 1-6　支付股东分红 10 万元。

分析：这时，欠股东的负债（应付股利）10 万元就付掉了，银行存款也少了 10 万元变成 870 万元。

资产负债表如下：

左边：银行存款 870 万元 　　　　　右边：负债（银行借款）200 万元

固定资产（房屋）380 万元　　　所有者权益 1050 万元

资产总计　1250 万元　　　　　负债＋所有者权益总计 1250 万元

我们可以看出来，资产负债表是反映截至某天一家公司的资产负债的情况，它反映了公司在那天的财务状况。这个时点一般是月底、季底、半年底、年底的最后一天，例如 2020 年 12 月 31 日。请大家注意，这是一个时点，不像利润表那样反映的是一段时间赚的钱。

二、利润表

利润表反映的是一个时间段一个公司赚多少钱。这个时间段一般是一个月、一季度、半年或一年，例如 2020 年 1 月 1 日至 12 月 31 日。

前文在资产负债表中提到，公司赚多少钱是在所有者权益里。所有者权益包括股东刚开始投入的钱（即实收资本或股本），以及后续每年赚的钱（即盈余公积和未分配利润）。但所有者权益中这个未分配利润只是一个经营以来累计未分配的净利润数。利润表是对资产负债表所有者权益的未分配利润中，某年赚的钱是怎么来的做具体补充说明。利润表让股东知道某年营业收入有多少，成本费用有多少，企业所得税交了多少，最终净利润是多少。

例如例 1－4，所有者权益只反映了最后的净利润 60 万元，而利润表补充说明这 60 万元是怎么来的，即收入 410 万元，减去进货成本 300 万元，还了银行利息 10 万元，扣除当年房屋折旧 20 万元，交了所得税 20 万元后，净利润 60 万元。

利润表的结构也很简单，我们也比较熟悉，大体如下：

营业收入 － 营业成本 － 费用 － 企业所得税 ＝净利润

营业收入大家都知道。营业成本就是卖掉的东西的进货成本。费用就是为了经营发生的一些费用，例如租金、折旧、利息费用。

大家注意这个顺序，是先扣成本费用，再扣企业所得税，不能反过来。因为企业所得税是对收入－成本费用后，最后赚的钱收税的。

大家也经常听到息税前利润、税前利润和税后利润，这些其实都很好理解。

抓住关键字，息就是利息，税就是企业所得税。

息税前利润就是还没有扣除利息和企业所得税之前的利润，那就是营业收入－营业成本－不包括利息的费用。

税前利润就是扣了利息但还没有扣企业所得税的利润，也叫息后税前利润，那就是营业收入－营业成本－所有费用。

税后利润是扣了利息和企业所得税后的利润，即净利润。

值得注意的是，有一个按正常逻辑大家经常会理解错的点，在这里提醒一下大家。例如，一个客户今年来充值 1000 元，今、明、后三年月完，假设今年用了 200 元，明年用了 500 元，后年用了 300 元。大家都会觉得今年营业收入就是 1000 元，其实这是不对的。今年虽然收到 1000 元，但是因为只消费了 200 元，所以今年只能确认 200 元营业收入。明年消费的，我们明年确认 500 元营业收入。后年消费的，我们后年确认 300 元营业收入。这就是说，什么时候消费什么时候再确认营业收入。

再如一家公司今年花了 32 万元买了一辆车，打算用 5 年。大家都会觉得今年这项费用就是 32 万元，其实是不对的。假设最后报废时可以卖 2 万元（这个会计术语叫残值），因为可以用 5 年，所以每年的费用是 6 万元（32 万元－2 万元后除以 5 年）才是对的。这个每年摊的费用我们叫折旧费。这样做的道理在于，车是慢慢折价变旧的，不是一下就用完的，不能一次性进费用，而应按年分摊进费用。

举个金额较大的例子大家就更明白了，例如例 1－2，公司花了 400 万元建了一个店面，可使用 20 年。大家想也知道这 400 万元肯定不能一次性进今年的费用，而是每年只能进 20 万元房屋折旧费（简单假设没有残值），不然金额实在太大了。如果建造当年一次进费用，费用跟收入也不配比，显得极不合理，毕竟能用 20 年。

这种按取得收入的权利和承担费用的责任所发生年度确认收入和费用记在哪个期间的方法叫权责发生制。也就是说，没在今年消费的，不属于今年的营业收入，虽然在今年充值，也不能算在今年。而没在今年分摊的费用，不属于今年的费用，虽然在今年买入（例如车和房子），也不能算在今年。

利润表的编制是以权责发生制为基础的。因为利润是公司赚的钱，最后净利润多少也反映在资产负债表的所有者权益中，因此资产负债表也是以权责发生制为基础编制。

资产负债表的其他项目也体现了权责发生制。

例如例 1－3，如果公司的 300 万元货物到货了但还没付钱，那么虽然还没付，但因为货已经到了，货权已经是我们的了，资产负债表上左边应该确认存货 300 万元，同时右边应该确认负债（应付账款，即欠供应商的钱）300 万元。实际支付时，资产负债表银行存款减少 300 万元，同时原先确认的 300 万元负债也清零。

再如例 1－5，公司决定分红 10 万元。虽然还没实际支付给股东，但钱已经决定要分掉了，不再是公司的了。这时，公司就要减少所有者权益 10 万元，增加负债（应付股利，即欠股东的钱）10 万元。等实际支付时再减少这 10 万元负债和对应的银行存款。

那么有没有哪张表是按收和付的实际而编制，不用分摊来编的呢？有！下面要讲的现金流量表就是以现金收入和支付多少为基础编制的，这叫收付实现制。收付实现这个专业名词的意思是收款和付款实现的时候，也就是收款和付款时。这其实与我们平时常说的记流水账实质相同。

三、现金流量表

现金流量表反映的是一个时间段一个公司现金流入流出的金额。这个时间段一般是一个月、一季度、半年或一年，例如2020年1月1日至12月31日。

说是现金，其实含现金和银行存款，还有微信、支付宝也都算。因为现在现金大家都用得少了，都是刷卡转账和微信支付宝了，只不过这里简单统称现金。

现金流量表实质上就相当于我们平时记的流水账，现金和银行存款等收入多少，支出多少。只不过我们平时记流水账没有对这些收入支出进行分类，现金流量表分为三类：经营活动现金流入流出、投资活动现金流入流出、筹资活动现金流入流出。现金流量表的简要结构如表1-4所示。

表1-4 现金流量表简表

本期经营活动： 流入多少 流出多少 合计是流入还是流出，净额多少
本期投资活动： 流入多少 流出多少 合计是流入还是流出，净额多少
本期筹资活动： 流入多少 流出多少 合计是流入还是流出，净额多少
以上三项： 期初余额合计多少 加本期净额合计多少 得出期末余额合计多少

经营活动现金流量主要指经营业务生意的现金流量。例如，顾客来买东西给我们的钱就是现金流入，采购存货付供应商的钱就是现金流出。我们支付员工工资也是现金流出。像前文讲的，顾客来充值1000元，那么现金流入就是

1000 元。

投资活动现金流量主要指买股票等投资，以及建房子、买车等可以使用一年以上的固定资产，还包括卖出股票以及使用完固定资产后处置卖掉收回的钱。刚才讲的花 32 万元买一辆车就是投资活动现金流出，如果使用几年后卖掉，卖的价格是 10 万元，那么投资活动现金流入就是 10 万元。

筹资活动现金流量主要指向银行借钱、向公众发行债券等负债类筹资，以及向投资者发行股票等股权类筹资的现金流量。例如，前文讲的股东投入 1000 万元，向银行借款 200 万元，都是筹资活动现金流入，而分红 10 万元，或还利息 10 万元，都是筹资活动现金流出。

讲到这里我们可以发现，现金流量表和资产负债表是有一定关联的。

资产负债表左边的资产，如果是存货等资产，就属于经营性的，如果是股票，或是长期资产如房屋和车辆等，就属于投资性的。

资产负债表右边的负债，如果是欠供应商的，就属于经营性的，如果是银行借款、发行债券等，就属于筹资性的。

资产负债表右边的所有者权益，是发股票筹集来的，或是用筹集来的钱而赚的钱，可用于以后给股东分红。因此，这都是属于股东的钱，都是筹资性的。

另外，现金流量表和利润表也有一定关联，后文会介绍。

四、所有者权益变动表

所有者权益变动表，我们从名称就可以知道，这张表是对资产负债表里的所有者权益补充说明某年是怎么变动得来的。

所有者权益变动表反映的是一个时间段一个公司所有者权益的变动额。这个时间段一般是一季度或一年，例如 2020 年度。

所有者权益一般就是股东的钱，包括股东投入的钱，以及用这些钱去投资所赚的钱，即钱生钱。

股东投入的钱，有限责任公司叫实收资本，股份有限公司叫股本。如果 IPO 后有股权再融资，例如增发、配股，那么股本就会增加。

用这些钱赚的钱，扣除分红后剩下的钱，叫未分配利润。

我们可以看出，所有者权益变动表，就是让投资者了解一下所有者权益的各个项目是如何变动的，例如股本和未分配利润年初是多少，本年增加多少，本年减少多少，年末是多少。年末数就是资产负债表中所有者权益相应各项目的那个数。

当然，实收资本（或股本）和未分配利润只是其中两个报表项目，所有者权益其他项目后文会进行详细介绍。本节只是让大家有一个整体认识。

五、附注披露

附注披露是对四张报表的一些重要项目进行说明和披露，让投资者得到除了四张报表密密麻麻的数字之外的信息。例如，有一个诉讼要赔偿 200 万元，单看报表不知道是什么原因，但通过阅读附注披露就能大体知道事件的情况。

附注披露里还有一张表，叫现金流量表补充资料。这张表主要是告诉投资者利润表中的净利润是如何加加减减变为现金流量表中的经营活动现金流量净额的。

利润表有些项目涉及现金收支，例如例 1 - 4 当中收到的营业收入 410 万元、购买存货结转的成本 300 万元、支付利息 10 万元、支付企业所得税 20 万元。利润表有些项目不涉及现金收支，例如例 1 - 4 当中的房屋折旧费 20 万元，因为房屋的现金支出已在购买的时候一次性支出了。例 1 - 4 中的经营净利润是 60 万元，但经营活动现金流量应该是 410 万元 - 300 万元 - 20 万元 = 90 万元。净利润与经营活动现金流量这个差额 30 万元，有 20 万元是因为折旧费 20 万元没有实际支付现金，有 10 万元是因为支付利息 10 万元属于筹资活动，不属于经营活动。

那么附注中的补充资料就应该这样调整：

净利润	60 万元
加：固定资产折旧	20 万元
利息支出	10 万元
经营活动产生的现金流量净额	90 万元

至此，我们已讲完公司财务报告里面的四张财务报表以及附注披露的结构和主要内容。更具体的各项目内容我们在第二章逐一进行讲解。这里总结一下四张表之间的关系：

（1）资产负债表是四张表中最基本也最能全面反映公司财务状况的一张表。其他三张表都是对资产负债表中的一些项目进行补充说明。

（2）利润表是对资产负债表中所有者权益的未分配利润项目中净利润进行补充说明。

（3）现金流量表是对资产负债表中银行存款项目的构成及如何变动进行的补充说明。

（4）所有者权益变动表是对资产负债表中所有者权益各项目如何变动进行补充说明。

（5）附注披露中的现金流量表补充资料是对利润表中的净利润如何加加减减变为现金流量表中的经营活动现金流量净额进行补充说明。

第四节　公司财务会计记账方法

我们一直对会计有个印象，就是一分钱也要对平。随着记账过程电脑自动化，报表不平这种事情已经不复存在了。本节主要讲述公司财务会计记账方法，让大家简要了解一下一家公司的财务会计岗位平时是如何做账的。

这一部分大家简要了解一下即可，重点还是学会看懂四张财务报表。因为做账最终的目的就是要生成报表给投资者看。

做账的过程，就是记录一下每笔业务应该记在报表哪个科目，一般指资产负债表和利润表的科目。所有业务都记好后，电脑会自动汇总每个科目最终数，并生成资产负债表和利润表。

如果有涉及到现金收付的账，还要记录一下这笔银行收付属于现金流量表哪一类，电脑会自动汇总生成现金流量表。

如果涉及到所有者权益的变动，电脑也会根据科目自动汇总生成所有者权益变动表。

会计做账主要分为以下几个步骤：收集整理原始凭证—做记账凭证—自动生成四张财务报表。

一、原始凭证

原始凭证就是业务原始的凭证单据。例如：

销售环节的原始凭证，包括客户订购单、销售单（销售合同）、信用审批单、出库单、装运单、销售发票、客户签收单、客户付款银行回单等。

采购环节的原始凭证，包括请购审批单、订购单、验收入库单、采购发票、采购付款申请单、采购付款银行回单等。

二、记账凭证

记账凭证，就是将每一笔业务都做成账，做成记账凭证。所以，做记账凭证，就是我们平时说的做账，是会计做账的最主要环节。因此，做账也叫记账。这个环节是将业务内容转化为会计语言，用会计语言来表达一项业务。

会计语言是如何表达一项业务的？我们举个简单的例子。例如，花了300万元进了一批货（不考虑相关税费），那么会计就这么记账：

借：存货　　　　　　　　　　　　　　　　　　　300 万元

贷：银行存款　　　　　　　　　　　　　　　　　300 万元

这就是一张记账凭证，也叫会计分录。分录大家理解为分开录就行。但大家可能看不懂借贷是什么意思。这就是会计语言。借贷其实也很好理解，理解成增加或减少即可。大家暂时看不懂没关系，后面还会讲，一讲大家就能懂。

这样记完账后，将这张记账凭证会计分录打印在纸上，并将对应的原始凭证如 300 万元存货的验收入库单、采购付款申请单、采购付款银行回单等附在后面备查，就完成了一笔采购业务的记账。

每笔业务内容不同，记账的科目就不一样，对应的原始凭证也不一样。

把一个月发生的每笔业务都按此方法记完账后，就完成了本月的记账。电脑会自动按我们先做哪笔后做哪笔的顺序，将这些记账凭证连续编号。本月做完账后，就可以把所有的记账凭证及其后附的原始凭证按编号排序整理好，用凭证专用装订机装订起来。

当然，随着会计电算化的发展，以后纸质的这些东西可能会慢慢消失，需要查什么直接在电脑上调数据就行。

下面带大家来破译这看似很奇怪的会计语言"借"和"贷"。

一张记账凭证，即一笔业务的会计分录，由三部分构成：方向（借方或贷方）、科目（如刚才的例子涉及存货和银行存款两个科目）和金额（刚才的例子是 300 万元）。

我们知道，会计的最终目的是生成四张报表给投资者看。讲到这里大家应该已经看出来了，记账就是记录一下报表哪个科目要增加多少钱，哪个科目要减少多少钱。例如刚才这个例子，就是存货增加 300 万元，银行存款减少 300 万元。

但会计上不叫增加或减少，而是用借和贷来表示增加和减少。借和贷只是一个符号，让你觉得很奇怪而已，其实就是表示增加或减少，没别的意思，大家不要被吓到。

但借不一定代表增加，贷不一定代表减少。不同科目，借和贷表示的意思不一样。下面给大家归纳一下：

增加在借方，减少在贷方的科目有：

资产负债表中资产类科目；

利润表中费用类科目。

增加在贷方，减少在借方的科目有：

资产负债表中负债和所有者权益类科目；

利润表中收入类科目。

如果你非要搞明白借贷为什么一会表示增加、一会表示减少，可以这样理解：

资产负债表左边的资产是公司的，是可以借出去的。资产越多，可以借出去的就越多。所以，资产增加在借方，减少在贷方。而资产负债表右边的负债和所有者权益，是公司找别人筹资贷来的，无论是找银行贷款还是找股东出资，负债和所有者权益越多表明贷的钱越多，所以，增加在贷方，减少在借方。

利润表最终就是所有者权益当中的未分配利润，也就是所有者权益科目。收入使所有者权益增加，因此，收入跟所有者权益相同，增加在贷方，减少在借方。费用使所有者权益减少，因此，费用跟所有者权益相反，增加在借方，减少在贷方。

另外，相信大家已经发现了做账的一个规律，就是有借必有贷，借贷必相等。这就是复式记账，也就是每笔业务，都要记借和贷两边。正因为如此，报表两边总是平的，不相等肯定是哪里出错了。

最后，大家不必太深究借贷字符的意义，理解成增加或减少即可，会看最终生成的财务报表即可。

三、自动生成四张财务报表

做完账后，检查审核无误，点一下结账，电脑就会把本月的账锁掉，并自动汇总记账凭证中每个科目合计数，生成四张财务报表。

四、做账过程示例

下面用第三节的 6 个例子，带大家学习做账的过程。

例 1-1 续 股东出资 1000 万元创立了公司。

需要收集的原始凭证：股东会决议、收到投资款的银行回单、验资报告等。

记账凭证会计分录：

借：银行存款　　　　　　　　　　　　　　　　1000 万元

　　贷：实收资本（或股本）　　　　　　　　　1000 万元

生成的资产负债表：

左边：资产（银行存款）1000 万元　　右边：负债 0 万元

　　　　　　　　　　　　　　　　　　所有者权益 1000 万元

资产总计　1000 万元　　　　　　负债 + 所有者权益总计 1000 万元

例 1-2 续 公司建了一个店面，可使用 20 年，共花了 400 万元，其中 200 万元动用了投入的 1000 万元，另外 200 万元是找银行借的，年利率 5%。

需要收集的原始凭证：银行贷款协议、收到银行贷款的回单、固定资产（店面）投资审批表、建店支付款项的银行回单、固定资产建造发票等。

记账凭证会计分录：

借：银行存款　　　　　　　　　　　　　　　　200 万元

　　贷：长期借款　　　　　　　　　　　　　　200 万元

借：固定资产　　　　　　　　　　　　　　　　400 万元

　　贷：银行存款　　　　　　　　　　　　　　400 万元

生成的资产负债表：

左边：银行存款 800 万元　　　　　右边：负债（银行借款）200 万元

　　　　固定资产（房屋）400 万元　　　　所有者权益 1000 万元

资产总计　1200 万元　　　　　　负债 + 所有者权益总计 1200 万元

例 1 - 3 续　公司花了 300 万元进货。

需要收集的原始凭证：请购审批单、订购单、验收入库单、采购发票、采购付款申请单、采购付款银行回单等。

记账凭证会计分录：

借：存货　　　　　　　　　　　　　　　　　300 万元

　　贷：银行存款　　　　　　　　　　　　　　　300 万元

生成的资产负债表：

左边：银行存款 500 万元　　　　　右边：负债（银行借款）200 万元

　　　存货 300 万元

　　　固定资产（房屋）400 万元　　　所有者权益 1000 万元

资产总计　1200 万元　　　　　　负债 + 所有者权益总计 1200 万元

例 1 - 4 续　公司这一年把这些存货卖了，收入 410 万元。公司拿出 10 万元还了银行利息。房屋可使用 20 年，每年折旧 20 万元（房屋折旧后面会讲，先这样简单假设），交了企业所得税 20 万元（企业所得税率一般 25%）后，净利润 60 万元。

收入 410 万元 - 存货成本 300 万元 - 折旧费用 20 万元 - 利息费用 10 万元 = 营业利润 80 万元

营业利润 80 万元 - 企业所得税 20 万元 = 净利润 60 万元

需要收集的原始凭证：客户订购单、销售单（销售合同）、信用审批单、出库单、装运单、销售发票、客户签收单、客户付款银行回单、偿还利息银行回单、支付所得税银行回单等。

记账凭证会计分录：

借：银行存款　　　　　　　　　　　　　　　410 万元

　　贷：营业收入　　　　　　　　　　　　　　　410 万元

借：营业成本 300 万元

　　贷：存货 300 万元

借：销售费用－折旧费 20 万元

　　贷：固定资产（累计折旧） 20 万元

借：财务费用－利息支出 10 万元

　　贷：银行借款 10 万元

借：所得税费用 20 万元

　　贷：银行存款 20 万元

生成的资产负债表：

左边：银行存款 880 万元　　　　右边：负债（银行借款）200 万元

　　　固定资产（房屋）380 万元　　　　所有者权益 1060 万元

资产总计　1260 万元　　　　负债＋所有者权益总计 1260 万元

生成的利润表：

营业收入 410 万元

减：营业成本 300 万元

　　销售费用－折旧费 20 万元

　　财务费用－利息费用 10 万元

营业利润 80 万元

减：所得税费用 20 万元

净利润 60 万元

例 1－5 续 公司纯进账净利润 60 万元赚到钱了，决定给股东分红 10 万元，但还没实际支付。

需要收集的原始凭证：股东会分红决议等。

记账凭证会计分录：

借：利润分配 10 万元

贷：应付股利　　　　　　　　　　　　　　　　10 万元

（利润分配导致所有者权益减少，所有者权益借方表示减少）

生成的资产负债表：

左边：银行存款 880 万元　　　　　右边：负债（银行借款）200 万元

　　　固定资产（房屋）380 万元　　　　　负债（应付股利）10 万元

　　　　　　　　　　　　　　　　　　　　所有者权益 1050 万元

资产总计　1260 万元　　　　　负债＋所有者权益总计 1260 万元

例 1 - 6 续　支付股东分红 10 万元。

需要收集的原始凭证：股东分红决议、支付股利的银行回单等。

记账凭证会计分录：

借：应付股利　　　　　　　　　　　　　　　　10 万元

　　贷：银行存款　　　　　　　　　　　　　　　　10 万元

生成的资产负债表：

左边：银行存款 870 万元　　　　　右边：负债（银行借款）200 万元

　　　固定资产（房屋）380 万元　　　　　所有者权益 1050 万元

资产总计　1250 万元　　　　　负债＋所有者权益总计 1250 万元

本章小结

　　本章前两节先带大家了解了企业的三种主要类型，并介绍了公司制企业的公司治理，这些对大家创业和经营公司都是非常有帮助的。后两节主要带大家预先认识会计四张财务报表，主要是让大家对其结构先有一个整体的认识，并让大家了解会计记账工作过程。

　　通过本章学习，相信大家已经初步步入正轨了。第二章，我们开始全面了解四张财务报表。

第二章　公司财务报告

本章共六节。在第一章的基础上，本章前四节带大家深入了解四张财务报表各个项目，让大家摸清四张表的具体细节。第五节提醒大家阅读财务报告时，除了看四张财务报表，也要阅读相关附注披露。第六节向大家展示对于控制多家公司的企业，如何编制合并财务报表。本章是本书的最核心部分。阅读完本章，大家在投资时便可以更好地阅读公司财务报告，做出正确的投资决策。

第一节　资产负债表

本节我们来介绍一下资产负债表的各个项目。

完整的资产负债表格式请参考本书附录1，请大家对照阅读。

资产负债表列示了各项目的期末余额和期初（上年年末）余额，按年（半年、季、月）来看，就是年（半年、季、月）末最后一天公司的资产、负债和所有者权益余额，以及这些项目的年初余额。

我们已经知道，资产＝负债＋所有者权益。下面我们分三部分按顺序介绍。

一、资产

资产包括流动资产和非流动资产。资产负债表左上方是流动资产，左下方是非流动资产。

因为我们开公司最主要的目的就是赚钱，也就是关心东西能不能卖得出去变成钱，所以，资产分为流动和非流动也是以变现能力划分的。

流动资产就是像水一样会流动的资产，也就是会在一年内或者一个经营周期内变现的资产。例如存货，一般情况一个经营周期内就会被卖掉。又如平时买点股票，也是能一年内频繁交易进进出出在流动。再如赊销款，一般也是一年内会收到钱。

非流动资产就是不会流动的资产，也就是基本不会在一年内或者一个经营周期内变现的资产，例如公司的房屋、车辆等。

资产在报表中从上往下按流动性从高到低排列，也就是越上面的资产越容易变现。下面按报表顺序从上往下介绍。

（一）流动资产

1. 货币资金

本项目一般就是指现金、银行存款等。

2. 交易性金融资产

本项目可以简单理解为股票等。因为这些东西进进出出流动性强，交易频繁，因此叫交易性金融资产。

这里的金额是指买的股票现在的市值。例如之前花100万元买股票，如果现在涨到110万元，那么这里的金额就是110万元，如果现在跌到90万元，那么这里的金额就是90万元。

3. 衍生金融资产

本项目一般指期货和期权等衍生金融工具。

这里的金额也是现在的市值，有涨有跌。

4. 应收票据

别人来买东西没有用现金，给我们开了汇票等票据来付款。汇票还没到期，我们也还没拿去贴现，就记为应收票据，表示这是我们应该收回的。

5. 应收账款

别人来买东西我们给别人赊销的钱，就是我们应该收回的款项。

应收票据及应收账款这里的金额是赊销的钱，减去有迹象表明收不回来的钱（俗称坏账，专业术语叫减值和坏账准备）。例如原来赊销 100 万元，现在觉得有 10 万元收不回来，这里就应列示 90 万元。

6. 应收款项融资

我们等不到客户回款就急用钱时，也可以找银行先给我们一笔钱，客户回款时让客户直接打给银行。这相当于把应收款项卖给银行，拿应收款项去融资。不过，本项目的应收款项，银行向客户讨不回钱时，可找公司讨回，这叫追索权。

7. 预付款项

本项目指进货环节预先支付给供应商但未到货的款项。

8. 其他应收款

本项目指除赊销到期应该收回的票据和应该收回的账款外的其他应收款。例如，支付了一笔租赁合同的保证金，到时不租或租赁期结束应该收回，这种就是其他应收款－租赁保证金。

另外，其他应收款还包括借钱给别人如买债券应该收回但还未收回的利息（应收利息），以及投资如买股票后，买的那家公司决定分红但还没打钱给我们，我们应该收回但还没收回的股利分红（应收股利）。

这里的金额跟应收票据及应收账款一样，也要减去有迹象表明收不回来的钱。

9. 存货

本项目即指采购的库存商品。

这里的存货一般是采购价。但是，如果存货在市场上价格出现下跌（专业术语叫跌价），如由于存货陈旧、破损、过时、残缺等原因不能卖那么多钱，导致卖的价格跌破采购价，收不回本，就要调减存货金额。例如进货 100 万元，很久没卖出去，现在陈旧过时只能卖 80 万元了，那么这时存货金额就应该是 80 万元。

10. 合同资产

本项目与应收账款类似，都是指签订销售合同卖东西应该收回的钱。

但合同资产与应收账款又有所区别。举个例子，我们与客户签订了一个销售合同，卖甲乙两种商品，先把甲商品运到客户仓库，再把乙商品运到客户仓库。本来完好无损运完甲商品后，我们就可以向客户收甲商品的钱。但是合同约定，只有乙商品也完好无损运到，再一起给甲乙商品的钱。如果乙商品没有完好无损运到，那不好意思，连甲商品的钱也要不到了。

我们发现，在运完甲商品后，因为还不知道乙商品能否完好运到，因此不能无条件地向客户讨甲商品的钱，这时就只能记为合同资产。如果可以无条件地向客户讨钱，只是赊销期时间问题，那就是应收账款。

因此，应收账款与合同资产的差别在于是否能无条件向客户讨钱（时间等待问题不算条件），是否有跟其他商品捆绑在一起。

这里的金额也跟应收票据及应收账款一样，要减去有迹象表明收不回来的钱。

11. 持有待售资产

本项目指已经整理好可以出售，已有下家，已签订合同，并且会在一年内出售的一项资产或几项打包在一起的资产。例如，一栋大楼单独出售，或一栋大楼和里面的所有可移动设备、办公桌椅等一起打包出售。

这里的资产金额一般是成本价。但是，如果这些资产在市场上出现价格下跌，跌破成本价，那么就要调减资产金额至市场价。

12. 一年内到期的非流动资产

我们说过，非流动资产是指不能在一年内变现的资产，但如果一年内就到期了，那就等于一年内可以变现，就变成流动资产了。例如，长期持有一家公司发行的债券，本来放在非流动资产，但因为还有半年到期，再过半年那家公司就会还我们债券的本金，将我们的债券给赎回去，这时这个债券就变成了一年内到期的非流动资产。

这里的资产一般是成本价。但是，如果这些资产在市场上出现价格下跌，跌破成本价，那么就要调减资产金额至市场价。

13. 其他流动资产

本项目指上面所讲之外的流动资产。

14. 流动资产合计

本项目就是以上所有流动资产加起来之和。

（二）非流动资产

下面依然从上往下介绍非流动资产。

1. 债权投资

本项目指我们持有的别家公司的债券，我们将一直持有至到期，每期收取债券的利息，到期收回本金。

这里的金额是按摊余成本来记账的，我们简单理解成按成本记账就好。跟应收票据及应收账款一样，这里的金额也要减去有迹象表明收不回来的钱。

2. 其他债权投资

本项目也是指我们持有的别家公司的债券，不过持有这些债券的目的不是持有至到期，而是看情况，有可能持有至到期，也有可能在到期前把债券卖掉。这也就是说，我们"脚踏两只船"，债券行情好就卖掉，不再专一地持有至到期只等着收回本金了。

因为有可能被卖掉，所以这个项目的金额是按市价计算的，市价已经反映了有迹象表明收不回来的钱。例如如果有部分钱可能收不回来，亏价就会比较低。

3. 长期应收款

本项目指我们在一年内收不回的应收款。例如别人找我们买了一台价值1000万元的设备，但现在还付不起，对方就跟我们商量三年后连利息一起支付，合计1200万元。那么这时，我们这里的长期应收款就是1200万元。如果是短期应收款，一般金额比较小，时间比较短，一般未超一年，我们也不会跟人家计较利息，那就记在应收账款了。

这里的金额跟应收票据及应收账款一样，也要减去有迹象表明收不回来的钱。

4. 长期股权投资

本项目指我们买的别家的股票或股权，而且买的量比较大。我们买的目的不是炒炒玩玩，而是要长期持有来参与对方的经营并获取收益。一般来讲，买20%以下股权一般只是玩玩，记在流动资产里的交易性金融资产，买20%以上股权就记在长期股权投资。买20%以上股权一般来讲又分为两种情况。如果我们拥有20%~50%股权，那么我们对被投资公司有重大影响，能影响其经营决策，或是能跟别人一起合营这家公司。若是我们拥有50%以上股权，那就可以控制这家公司了，我们就是最大股东，什么事情我们说了算。

这里的金额按分类的不同记的金额也不一样。

如果我们占20%~50%股权，是有重大影响，或者与其他人一起合营这家公司，那被投资单位盈利、亏损或分红，我们都要按股权比例调增或调减。

例如，年初我们花了5亿元买了一家公司40%股权，这里初始成本就先记5亿元。后续到了年底如果发现今年这家公司赚了1亿元，这家公司所有者权益就增加1亿元，那我们就要确认盈利的40%即4千万元，我们长期股权投资的金额就变成5.4亿元。到了年底如果发现今年这家公司亏了1亿元，这家公司所有者权益就减少1亿元，那我们就要确认亏损的40%即4千万元，长期股权投资的金额就变成 4.6 亿元。

再如，后续如果某年这家公司有分红，假设分 1 亿元，则这家公司的所有者权益也会减少 1 亿元，那我们也要确认分红的 40% 即 4 千万元，我们长期股权投资的金额就要减少 4 千万元。

这种记账方法在会计上叫长期股权投资的权益法，即年底按享有被投资单位盈利、亏损或分红的比例调整长期股权投资科目的初始成本金额，保证长期股权投资的金额等于对方所有者权益的比例。

如果占 50% 以上股权，则我们能够控制这家公司。这家公司虽然是我们花钱买来的，但跟自己的公司一样。我们平时买东西，多少钱买进来成本就是多少，以后不会再变。所以，如果是控制这种情况，无论后续每年公司盈利亏损多少，都不再对长期股权投资初始成本金额进行调整。后续如果公司有分红，会记在利润表的投资收益里，也不会改变长期股权投资的金额。这种记账方法在会计上叫长期股权投资的成本法，即按成本记。

了解一家公司的长期股权投资按什么方式记账，大家要阅读这家公司附注里的说明，单从报表是看不出来的。

另外，无论长期股权投资按权益法记还是成本法记，这里的金额都要减去有迹象表明收不回来的钱，例如投资亏损严重出现减值等。

5. 其他权益工具投资

有一种特例是，如果我们买股权的量不是很大（例如 20% 以下），又不只是想炒炒玩玩，也是为了长期持有，但长期持有的目的不是为了参与对方的经营，而是为了与对方达成战略合作伙伴，形成战略联盟而相互持有对方一点股份，让合作更顺利，那么就记在其他权益工具投资。

我们用表 2-1 来总结以上提到的一般情况下买别家公司股票要记在什么项目。

表 2 - 1 股权投资科目区分

股权比例	持有目的	项目
20% 以下	闲钱投资炒股	交易性金融资产
	相互持股战略合作，非交易性战略性投资等	其他权益工具投资
20% ~ 50%	参与经营，重大影响，合营	长期股权投资（权益法）
50% 以上	参与经营，控制	长期股权投资（成本法）

当然，这只是一般情况。有时，即使持股比例未达 50%，但派多人到对方当董事，也能控制对方。相反，有时即使超过 50%，但董事中所占的人数很少，都是别人的人，也难以进行控制。在判断能不能控制对方公司时，要以实质来判断，不能看表面形式上的股权比例，这在会计上叫实质重于形式原则。

6. 其他非流动金融资产

本项目指以上提到的非流动金融资产之外的其他非流动货币性金融资产。

接下来要讲的是非金融类的非流动资产。

7. 投资性房地产

我们把自己的土地或房屋出租赚取租金，或者购买的土地没有出租，而是留着等升值了再卖出赚钱，都记在这里。

但是，如果房子没有出租，就要分两种情况：如果购买的房子没人住，董事会明确决定用于出租，即使现在还没有人来租也算投资性房地产；如果房子是留着等升值了再卖出赚钱，就不能放在投资性房地产，而应该放在下一个项目要讲的固定资产。

投资性房地产的金额一般是购买或建造所花的成本。不过，如果房地产所处地区的房地产交易市场活跃，房地产市价确实可以合理确定的话，也可以用市价来记录投资性房地产的金额。但是，一家公司的投资性房地产，只能全部按成本计量或全部按市价计量，不能一部分按成本一部分按市价。一家公司的投资性房地产按什么记账，大家要看这家公司附注里的说明，单从报表是看不出来的。了解一家公司的投资性房地产是按成本还是按市价记账，有助于我们分析一家公司的房地产情况以及盈利情况，毕竟房地产都比较值钱。

如果按成本记账，要跟下面讲的固定资产一样计提折旧和减值，如果按市价，就直接按市价，不用计提折旧和减值。

按市价记账的专业术语叫按公允价值计量。公允价值即市场经过讨价还价后，你情我愿签订合同允诺的，公平公正公允，无偏袒偏见的价值。

8. 固定资产

本项目是指一个公司所拥有的房屋、运输设备、机器设备、办公设备等。第一章讲过，固定资产要在使用年限内分摊折旧，它的价值是慢慢消耗的，不是一次性消耗的。第一章那个例子，我们假设年初花 32 万元买了一辆车，可使用 5 年，5 年后报废只能卖 2 万元，即残值 2 万元，那么在这 5 年内，这辆车的价值从 32 万元慢慢变到 2 万元，共减少 30 万元。我们假设这 5 年是平均减少的，那么每年减少 6 万元，即每年折旧 6 万元。

这里固定资产项目的金额是指固定资产原值减去累计折旧和减值后的净值。

先不看减值，接上例，我们年初的固定资产（车辆）原值就是 32 万元，第一年末累计折旧 6 万元，车辆净值变成 26 万元，第二年末累计折旧 12 万元，车辆净值变成 20 万元，依此类推，直至第五年末累计折旧 30 万元，净值变成 2 万元。接下来停止计提折旧，就等待将车辆报废收回这 2 万元残值了。

再看减值。如果固定资产市场价已跌破采购时的成本价，例如机器设备因技术更新已经变得老旧过时即将被淘汰，市价已跌破成本价，那就要跟存货一样，将固定资产计提减值，调整到市价。例如，刚才的例子，在第二年末，本来车辆净值 20 万元，但由于车辆市场价格下跌，只有 10 万元，那就只能将车辆记为 10 万元，计提减值 10 万元（20 万元 – 10 万元），并按 10 万元重新估计残值多少，能用几年，每年折旧多少，并在剩下的年限内平均分摊。

所以，我们报表固定资产的金额（即净值）＝固定资产原值－固定资产累计折旧－固定资产减值准备。

9. 在建工程

本项目指还在建造中的房屋等工程项目。当房屋建完，达到可使用状态时，在建工程会转为固定资产（房屋）或投资性房地产（房屋）。如果是房地产开发企业，房子就是存货，因此在建工程建完就转为存货。

在转为固定资产或投资性房地产前，在建工程不用计提折旧，但如果市价下跌，要计提减值。

10. 生产性生物资产

例如产奶的奶牛、造纸用的植物林等。

11. 油气资产

本项目指油田、天然气田等矿区资产。

12. 使用权资产

我们租一项资产，例如一个机器设备，就取得了这个设备一段时间的使用权，则记在这个项目。这里的金额是指取得这项使用权资产的成本。其实这个成本简单来讲，就是租这个设备所要花的钱，也就是一共要付的租金。另外，使用权资产要跟固定资产一样，要在租赁期间内计提折旧和减值，其实是将租金在整个租赁期间内分摊。

13. 无形资产

本项目指商标权、专利权、非专利技术、著作权、特许经营使用权、土地使用权等无形资产。之所以是无形，因为这些都是看不见摸不着的，但却是可以单独辨认的。这跟固定资产看得见摸得着不一样。

无形资产的使用年限有些是有限的，有些是不确定的。例如，我们跟别人签了一个商标的使用权，三年到期不能再用别人的牌子，那么使用年限就是三年。使用年限有限的无形资产要跟固定资产一样，在使用年限内计提摊销和减值（在会计上固定资产叫折旧，无形资产叫摊销，其实意思一样，都是分摊到每年）。使用年限不确定的无形资产只要每年看看有没有减值迹象，市价有没有下跌就行，不用摊销。

14. 开发支出

本项目指开发一项无形资产的支出，例如开发一项新技术。等开发完成，开发支出将会转入无形资产去开始摊销。这跟在建工程建完后转入固定资产去开始折旧一样。

我们知道，研发一项新技术，需要投入很多钱。研发分为研究和开发两个阶段。

研究阶段失败的概率很高，大部分都是钱烧光了没研究出个什么东西来。因此，研究阶段花的钱，要一次性计入费用，不能留在以后进无形资产每年摊销。把花的钱计入当年费用，叫费用化。

而一项技术如果成功走过了研究阶段，到了开发阶段，就更有可能开发成为一项新技术，就开始有了成功的希望。当我们开发到感觉会成功时，从这个时点开始，以后花的钱，就应该记在"开发支出"科目，留着以后开发完毕转为无形资产每年去摊销，不再是一次性计入费用了。把花的钱记入资产类科目留着以后折旧或摊销叫资本化。

将开发阶段的费用资本化成无形资产后，后续就按无形资产处理。如果是使用寿命有限的，以后每年分摊。但也有一些资本化的新技术的使用寿命是不确定的，只要它不被淘汰，就能一直给公司带来经济效益。对于这种无形资产，就跟刚才说的一样，只要每年看看减值就行，不用摊销。

但是，开发阶段还没感觉会成功之前投的钱，仍应该跟研究阶段一样，一次性计入费用扔掉。

15. 商誉

例如，我们收购另一家公司，这家公司本来市场价值10亿元，你花了11亿元才买下来,那多出来的 1 亿元就是被买这家公司的商誉。

16. 长期待摊费用

本项目指需要长期分摊的费用。一项费用因为可以持续使用,给公司带来经济利益,就不应该一次性计入费用,而应该记在"长期待摊费用"科目,在相应的使用时间内摊销。例如装修租进来的店面,因为店面是租的,装修费用就不能记在"固定资产(房屋)",而应记在"长期待摊费月"科目。假设我们装修一共花了 180 万元,能用 5 年,每个月就要摊 3 万元的费用,而不是在支付装修费时一次性计入费用。如此,长期待摊费用初始就是 180 万元,第一年末净值就是 144 万元,第二年末净值就是 108 万元,第五年末就摊完清零。

17. 递延所得税资产

本项目我们在税法部分还会详细讲解,这里先简单让大家了解一下。递延,就是推迟延后的意思。这里的所得税专指企业所得税。资产,就是属于我们的东西。既然是我们的东西,所以递延所得税资产,就是指企业所得税可以留到以后抵减的意思。

什么原因导致企业所得税可以留以后抵减呢?大家都知道,我们企业所得税是对利润交 25% 的税。例如今年赚 100 万元,就要交 25 万元所得税。但是如果我们今年亏损 100 万元,总不能反找税务局要 25 万元回来吧?不过税法规定了,可以是可以,但先不给你退钱,留着以后五年内有盈利时抵用,过五年作废。这就是五年补亏政策。这样一来,如果明年盈利 300 万元,本来要交 75 万元,现在可以先抵 100 万元盈利,盈利变成 200 万元,最后只要交 50 万元所得税就行,可少交 25 万元。因此,在亏损 100 万元那年,我们就有递延所得税资产 25 万元,即可留以后五年内抵减的。

18. 其他非流动资产

本项目指以上讲的之外的其他非流动资产。

19. 非流动资产合计

本项目指以上所有非流动资产加起来,包括金融类和非金融类的非流动资产。

20. 资产总计

本项目指所有资产加起来，包括流动资产和非流动资产。资产总计就等于负债和所有者权益总计。

二、负债

负债包括流动负债和非流动负债。资产负债表右上方是流动负债和非流动负债。

负债我们最关心的就是能借多久，什么时候还钱。所以，负债分为流动和非流动也是按还款期限来划分。

流动负债是需要在一年内或一个经营周期内还清的钱，时间不会太久，像是会流动停不住的。例如应付供应商的账款等，一般情况下一个经营周期内要付给人家。

非流动负债就是不需要在一年内或是一个经营周期内还清的债务，例如找银行借了 30 年的房贷。

负债在报表中从上往下也是按流动性从高到低排列，也就是越上面的负债偿还的时间离现在越近。下面按报表顺序从上往下介绍。

（一）流动负债

1. 短期借款

本项目指向银行借的一年内要还清的短期借款，例如三个月短期借款。

2. 交易性金融负债

本项目与交易性金融资产相对，一方是资产另一方就是负债，指极短期融资的负债。这里的金额也是按市价记账的。

3. 衍生金融负债

本项目与衍生金融资产相对，我们买期货期权，记入衍生金融资产，卖给我们期货期权的一方，就记入衍生金融负债。

期货期权我们赚多少钱，卖给我们的一方就亏多少钱，我们亏多少钱，他就赚多少钱。这里的金额刚好是一样的，但一方资产另一方负债，一正一负，加起来总是零，这在资本市场上叫零和博弈。

4. 应付票据

本项目与应收票据相对。应付票据就是我们买别人的东西没有用现金立马支付，而是给对方开了汇票等来付款。汇票还没到期先不用还，就记在应付票据这里，是我们到期应该支付的。

5. 应付账款

本项目与应收账款相对，指向供应商买东西时供应商给我们赊销的款，就是我们应该要付的款项。

应付票据及应付账款这里的金额是应付的钱，应付多少就要记多少，不能像应收一样，不能减去付不起的钱。坏账减值只针对应收那一方来说。例如应付供应商100万元货款，无论能不能付得起，这里都要记100万元。而对于供应商而言，我们讲过，如果觉得有10万元收不回来，他（她）的应收账款就是90万元。

这里告诉大家一点，我们负债类的话都是应付多少就要记多少，这体现了会计记账的一种谨慎性和稳健性。也就是说，记账时，我们什么都要往悲观考虑，不能乐观考虑。对于资产类科目，例如应收账款，我们就要悲观地想想，是不是有收不回来的坏账？如果有，应收账款就要少记一些，以反映存在坏账的风险。而对于负债类科目，我们也要悲观，应付多少就记多少，时刻提醒自己，我还有这么多钱要付，不能因为付不起就自己给自己少记负债，掩耳盗铃，人家供应商还没同意可以少还呢。

但如果到期实在付不起怎么办？这只能到期再和供应商商量要怎么处理，看供应商是再宽限一段时间，还是大发慈悲同意直接少付一点。这就叫债务重组。

不过这是到期的事情，未到期前不能因为付不起就少记负债。

6. 预收款项

本项目指与客户签合同之前预先收到的客户的钱。

7. 合同负债

本项目指跟客户签订合同后，还没给客户商品或还没为客户提供服务前收到的钱。也就是客户和我们签了合同后交了钱，但我们还没有交货，我们欠客户货。

在这里我们做两组容易混淆的项目之间的对比。

一组是对比合同负债和我们讲资产时说的合同资产和应收账款。我们已经知道，合同资产和应收账款都是指交货后客户还没付钱，只不过合同资产是不能无条件向客户讨的，应收账款是无条件的，只是时间问题。合同负债相反，指客户交钱后我们还没有交货。

另一组是对比预收款项和合同负债。预收款项和合同负债都是记录客户预先支付的钱。区别只在于是否签订了合同。这从合同负债这个名称就可以看出来，合同负债就是指签了合同才有的负债。例如，与客户签订100万元订单合同，签订前客户先支付我们10万元，这10万元就要记在预收款项，签订合同后，这10万元就要从预收款项转到合同负债。等交货后，这10万元连同剩下的90万元当然就转记到我们的营业收入了。

8. 应付职工薪酬

本项目指应该要付给员工但还没付的钱，包括工资、福利费、工会经费、职工教育经费、奖金、公积金、社保、年金、年终奖等。

9. 应交税费

本项目指我们应该交但还没交给税务局的税。一家公司一个月产生的税大部分都是在下个月申报缴纳，所以产生当月会有一个应交税费。

10. 其他应付款

本项目与其他应收款相对，指除应付票据及应付账款外的其他应付款。

例如像刚才讲的其他应收款那个例子，如果换成是我们出租了一个商铺，对方付给我们一笔租赁合同的保证金，到时不租或租赁期结束我们应该要还给对方。这就是其他应付款——租赁保证金。

另外，其他应付款还包括向别人借钱，如发行债券应该支付还没支付的利息（应付利息），以及发行股票宣布分红但还未支付的股利分红（应付股利）。

11. 持有待售负债

本项目跟刚才讲的持有待售资产一样，指已经整理好可以出售，已有下家，已签订合同，并且会在一年内出售掉的一项负债或与资产一起打包出售的负债。

例如卖一家公司，这家公司当然既有资产也有负债。那么，把这家公司整体捆绑打包卖掉，卖之前的资产就放持有待售资产，负债就放持有待售负债。

既然负债也一起打包卖掉，那么整体出价就得比较低了，因为别人买了我们的负债，是要替我们还的。例如这家公司资产有 1 亿元，负债有 2 千万元。如果只卖资产，可以卖到 1.5 亿元，如果把负债也打包一起卖，可能就只能卖 1.3 亿元。

12. 一年内到期的非流动负债

本项目与一年内到期的非流动资产相反。例如，我们向银行借了五年款，本来是放非流动负债，但现在还剩半年就得还清了，这样就变成了一年内到期的非流动负债。

13. 其他流动负债

本项目指以上所讲的流动负债之外的其他流动负债。

14. 流动负债合计

本项目指以上所有流动负债加起来。

（二）非流动负债

下面依然从上往下介绍非流动负债。

1. 长期借款

例如向银行借了五年的贷款，但是，如果还不到一年就要到期了，就变成流动的了，就应该记在一年内到期的非流动负债。

2. 应付债券

本项目与债权投资相反，指企业发债券向社会公众借钱，还没到期的债券。买债券的人记在债权投资，是一项资产，发行债券的公司记在应付债券，是一项负债。当然，如果债券还不到一年就要到期，就变成流动的了，应该记在一年内到期的非流动负债。

报表中的优先股、永续债，指发行优先股和永续债收到的钱，如果企业得还，就放在应付债券这边，如果企业可以通过合同约定来达到长期可避免还钱目的的话，就放在所有者权益，我们讲到所有者权益时再细讲。

3. 租赁负债

简单来讲，本项目指我们租一项资产还没付的租金。

我们前面讲到使用权资产，其实跟这里的租赁负债讲的是同一件事，只不过是会计复式记账的借贷两边。我们租一项资产，例如，一个机器设备，我们付租金的同时，就取得了这个设备一段时间的使用权。

我们简单假设租了 6 个月设备，每月 1 万元，共 6 万元，那就是花了 6 万元取得了设备 6 个月的使用权。那么租赁刚开始使用权资产和租赁负债都是 6 万元。后续使用权资产在租赁期间内计提折旧，我们假设平均计提，那么每月就减少 1 万元，最后清零。后续租赁负债一般也是分期支付，我们假设第一个月先支付 3 个月租金，第四个月起每月支付当月租金，所以租赁负债这边第一个月就变成 3 万元，第四个月起每月减少 1 万元，最后清零。

这就是会计复式记账的借贷两边。租赁刚开始我们借记使用权资产 6 万元，贷记租赁负债 6 万元，后续每边各自按折旧方式和合同约定的租金支付条款陆续清零。

4. 长期应付款

本项目与长期应收款相对，指一年内暂时先不用支付的款项，一般是上面所讲短期应付账款之外的长期应该支付的款项。

例如我们向别人买了一台设备1000万元，但现在还付不起，就跟对方商量三年后连利息一起支付，合计1200万元，那么长期应付款就是1200万元。如果是短期应付款，一般金额比较小，时间比较短，一般未超一年，别人也不会跟我们计较利息，那就记在应付账款了。

5. 预计负债

本项目指预计欠别人的钱。例如我们跟别人产生纠纷，上法庭了，现在最终结果还没出来，但我们预计会败诉，并且预计会赔偿对方300万元，那么预计负债就是300万元。

6. 递延收益

递延的意思我们之前讲递延所得税资产时提到过，就是推迟延后的意思。比如政府给我们一笔补助，我们还没开始用，就先放在递延收益。假设政府给我们100万元，对我们申请的一个政府工程项目进行补助。工程还没建完时，100万元就先记在递延收益。工程竣工结算后，总共花费1000万元，因政府补助了100万元，所以实际花费900万元，这时递延收益就抵减工程支出清零了，在建工程就变成900万元并转到固定资产去每年计提折旧了。这种按递延收益抵完固定资产后的余额去提折旧的方法叫净额法。还有一种方法叫总额法，我们在利润表其他收益项目再介绍。

讲到这里，我们有三个负债科目需要区分一下，即预收款项、合同负债和递延收益。这三个科目都是记录预先收到的钱，但区别在于，预收款项是与客户未签订合同时预先收到的钱，签完合同后，就要转到合同负债里，而递延收益是指预先收到的与客户无关的其他方的钱，例如政府补助。

注意：这个区别主要是为了让大家在看报表的时候知道哪些钱与客户有关，哪些钱与客户无关。与客户有关的就跟这家公司的经营业务相关。而政府补助有些与经营有关，有些与经营无关。与经营无关的，属于营业外的补助。

7. 递延所得税负债

本项目与递延所得税资产相反，我们在税法部分还会详细讲解，这里先简单让大家了解一下。递延，就是推迟延后的意思。这里的所得税也专指企业所得税。负债，就是我们欠别人的东西。既然是我们欠别人的，所以递延所得税负债，就是企业所得税以后要多交的意思。

那什么原因导致企业所得税以后要多交呢？例如我们分期收款卖东西，客户分五年给我们钱。我们在会计利润表上，只要东西卖出去了，就记收入，结成本，最后算出利润。但税法上不认分期，税法上只认什么时候收到钱什么时候交税。所以我们第一年只针对第一年收到的钱去交税就行，不用全交，以后四年陆续收到钱再陆续交税。所以在第一年，虽然会计做账全部确认收入，但还有四年的款还没交税，这四年的款的25%（企业所得税率25%）就记在递延所得税负债。大家先简单理解一下，这就是递延纳税造成的递延所得税负债。

8. 其他非流动负债

本项目指以上讲的之外的其他非流动负债。

9. 非流动负债合计

本项目指以上所有非流动负债加起来。

10. 负债合计

本项目指所有负债加起来，包括流动负债和非流动负债。

三、所有者权益

所有者权益就是一家公司的资产扣除负债之后，剩下的属于所有者（投资者）的钱。所有者权益不再分流动和非流动了。

下面仍按报表顺序介绍。

1. 实收资本（或股本）

本项目记载投资者投入的钱或发行股票收到的股本。如果是有限责任公司，是实收资本。例如三个人每人投 300 万元，那么实收资本就是 900 万元。如果是股份有限公司，就是股本。我们知道，股票发行股本是 1 股 1 元。所以如果公司发行 3 亿股，那么股本就是 3 亿元。

2. 其他权益工具

本项目指除股票外的其他所有者权益工具，例如有些优先股和永续债。

报表中的优先股、永续债就是记录这些。这些优先股和永续绩的特征跟股票类似。

讲到这里，细心的读者会发现，优先股和永续债有些归类为刚才讲的负债里的应付债券，有些归类为所有者权益里的其他权益工具。那为什么要这么区分呢？这就引出了债和股的区别。深刻理解债和股的区别，不仅对读懂公司财务报表有帮助，对于我们做公司财务报表分析，设计合理资本结构，安排融资，做财务管理，更是很有好处。在这里希望大家能认真区分，并应用到平时公司的实际管理中来。我们第二章主要讲跟读懂公司财务报表有关的，我们在第三章财务管理里还会讲跟公司财务报表分析和财务融资管理有关的内容。

其实两者的区别说破了也很简单。要还的是债，不用还的是股。

欠别人的债，是要还的，要还利息和本金。股，是不用还的，因为股东承担最后的盈利或亏损。一个投资者投钱建了一家公司，或买了一家公司的股票，那么公司的盈利和亏损都由投资者承担，公司不需要还利息和本金，有盈利决定分红再分红即可。

优先股，我们在第一章已经讲过它与普通股的区别。优先股不用还本金，但要付固定股息。而普通股不用付固定股息，赚钱后再决定是否要分红，分多少，这些都是看情况再说的。

永续债，就是永远持续下去的债务，是一种债券的品种，也就是不用还本金，但要付利息。

我们可以发现，优先股和永续债是类似的，都是不用付本金的，但要付股利或利息。既然要付股利或利息，那就是要还钱。要还钱，就是债，就要放在应付债券。

但会有这样的特殊情况。有时公司可以跟优先股股东约定，如果公司不赚钱，可以不分固定股息，或者如果普通股股东没分红，优先股股东也不分固定股息。优先股股东同意了。在这种情况下，如果公司常年亏损，或者公司决定不给普通股股东分红，那么按照约定，公司也就不用给优先股股东分固定股息。这样的话，公司就一直不用还钱了。既然不用还钱，那优先股就和普通股一样，除非公司破产清算再来分钱。所以这时优先股就应该跟股票一样，归到其他权益工具。

永续债也有这种情况。有时借款合同约定，每年可以不付利息，但下一年利率会升高一些，这个专业术语叫票息递增。但利息合同可以规定一个上限利率，不能无限升高。这时，如果企业每年都选择不付利息，即使利率每年逐渐升高，也宁愿让它升高不想支付利息，那就不用还钱。不用还钱，那就和普通股一样，除非公司破产清算再来分钱。所以这时永续债也应该跟股票一样，归到其他权益工具。

3. 资本公积

本项目指股东出资的钱超过股本的金额。例如我们刚才讲实收资本（或股本）时，公司发行股票3亿股，如果发行价格是每股5元，那么其中有1元是股本，4元是资本公积，乘以3亿股，这里的资本公积就是12亿元。

减：库存股。本项目指公司发行完股票后，自己回购自己的股票，并将其注销掉或用于激励职工等。例如，公司回购了自家的股票1千万股，每股花了6元，还没注销或激励职工前，这里的减：库存股就是6千万元。

4. 其他综合收益

本项目指除利润表的净利润以外的其他综合收益。

我们知道，股票投资者一般关注资产负债表和利润表，特别是利润表。每年年报一出来，大家都第一时间抢着看这家公司今年利润怎么样。因为净利润这个数字指标实在太关键太敏感了，牵动着无数投资者的心。因此，如果净利润出现异常，例如被操纵，对投资者来说是一种极大的损害。

既然这样，会计准则就对净利润严加控制，防止人们操纵利润。会计准则规定，有些适合进利润表的利润，就进利润表，最后体现在净利润，有些不适合进利润表的利润，例如波动很大的，就不让进利润表。虽然不让进利润表，但这也是公司为投资者赚到的钱，不能不记账。因此会计准则就规定，把这种利润放在资产负债表的其他综合收益里。

那有什么利润是不适合进利润表呢？这里举个例子。例如我们将自用的一间房屋出租转为投资性房地产。我们前面已经讲过，房屋自用的时候是固定资产，按当时购建的成本来每年计提折旧，现在转为投资性房地产，我们也讲过，企业可以选择按市价记账。如果当时房屋成本是100万元，现在变成500万元，会出现什么问题？没错，公司只是这样一转换，没做别的事情，就躺着赚了400万元。这可不得了了！利润波动很大！特别是当公司在业绩很差的时候来这么一下转换，那就会让投资者误以为今年利润很好，欺骗了投资者。因此会计准则就规定，这种情况，400万元不能进利润表，但毕竟是公司赚的钱，就进其他综合收益。

5. 专项储备

本项目用于核算高危行业企业按照规定提取的安全生产费以及维持简单再生产的费用等。提取时，借记成本或费用，贷记专项储备。使用时再冲掉专项储备。

6. 盈余公积

盈余，就是赚钱了，公积，就是公共积累，也就是说，公司赚钱了，这钱不能全部分掉，而应该留一些在公司作为共有的钱，积累起来留着以后公司发展壮大时使用。盈余公积分法定盈余公积和任意盈余公积。法定盈余公积，就是法律强制要求公司每年如果赚钱了，必须留 10%，一直留到达到注册资本的 50% 后才可以不用再留。任意盈余公积是指公司按法律规定留到达到注册资本的 50% 后，自己再决定要不要继续留，留多少。这是法律给企业的自主权，让企业自己根据公司发展情况自己决定就行，法律不再强制，是任意的。

7. 未分配利润

企业每年赚的钱，扣除盈余公积金，以及分红给股东后剩下的钱，就是未分配利润。例如企业以前累积的未分配利润是 1 亿元，今年利润表净利润是 1 千万元，提了盈余公积 100 万元后，决定分红 100 万元，那么，今年未分配利润就是 800 万元，累计的未分配利润就是 1.08 亿元。资产负债表是反映企业到今年底这个时点累计的情况，所以报表的未分配利润就是 1.08 亿元。

盈余公积和未分配利润合起来叫留存收益，就是留存下来的收益没有拿去分红掉的意思。

8. 所有者权益（或股东权益）合计

本项目指以上所有所有者权益加起来。

最后，资产总计 = 负债和所有者权益（或股东权益）总计。

讲到这里，资产负债表的所有项目均已介绍完毕。我们接下来要讲的利润表，是对资产负债表的未分配利润中，某年公司净利润是怎么赚来的进行补充说明。例如上面这个例子，就是对 1 千万元是怎么赚来的进行补充说明。

第二节　利润表

本节我们来介绍一下利润表的各个项目。

完整的利润表格式请参考本书附录 2，请大家对照阅读。

我们已经知道，利润表是对资产负债表的所有者权益中的未分配利润里，某年净利润是怎么赚来的进行详细说明。利润表的期间可以是一个月、一季度、半年或一年。利润表每个项目分本期金额和上期金额，即本年（半年、季、月）的金额和上年（半年、季、月）的金额。我们这里按年报（一年）的利润来讲解。下面我们按报表顺序介绍。

一、净利润及以上项目

1. 营业收入

本项目记载的就是一家公司的营业额，分为主营业务收入和其他业务收入。例如一家手机制造商的主营业务收入是卖手机，如果把制造手机的一些材料单独拿去卖，就是其他业务收入。当然营业收入要扣掉增值税，是不含税收入，这在税法部分会详细介绍。

2. 减：营业成本

本项目记载的就是一家公司的成本，相应也分为主营业务成本和其他业务成本。当然营业成本也要扣掉增值税，是不含税成本，这在税法部分会详细介绍。

营业收入减营业成本就是企业的毛利。

3. 减：税金及附加

本项目指除增值税之外的印花税、消费税、附加税、房产税等税费，不包括企业所得税。企业所得税后面有专门的项目来记录。

4. 减：销售费用

本项目指企业发生的销售费用。包括销售商品过程中发生的保险费、广告费、运输费，以及销售网点的职工薪酬、销售店面的租金及装修的摊销等。

5. 减：管理费用

本项目指企业发生的管理费用。包括董事会费、企业行政管理部门的职工薪酬、办公费、差旅费、办公楼的折旧费等。

6. 减：研发费用

本项目指企业发生的研发费用，即我们在资产负债表介绍开发支出时讲的，如果是一次性进费用，就进利润表的研发费用。如果是可以形成一项技术，留着以后摊的，就进开发支出，开发完成转到无形资产去摊，而不能一次性进费用。

7. 减：财务费用

本项目指企业发生的财务费用。报表中：利息费用、利息收入就是指借款利息支出费用化的费用和存款利息收入。借款利息支出有时是专门为在建工程借的款，就要资本化进在建工程的成本，后续再一起转固定资产去提折旧。利息收入是抵减财务费用的。另外财务费用里还有银行手续费。例如，公司今年费用化利息支出 100 万元，银行手续费 3 万元，银行存款利息收入 5 万元，那么财务费用就是 98 万元。

这里要注意的是，买债券的利息收入不记在这里的利息收入，而是记在下面要讲的投资收益中，因为买债券是一项投资。

此外财务费用也包括一些外币汇率换算的汇兑损失或收益。

8. 加：其他收益

我们讲资产负债表里面的递延收益科目时讲到，政府给我们 100 万元，对我们申请的一个政府工程项目进行补助。工程还没建完时，100 万元就先记在递延收益。工程竣工结算后，花费 1000 万元，因政府补助了 100 万元，所以实际花费 900 万元，这时递延收益就清零，在建工程就转到固定资产，金额 900 万元，这叫净额法。

我们还有一种方法叫总额法，即固定资产按 1000 万元去提折旧，但同时，递延收益也在相同年限内慢慢转到其他收益。这样，其他收益递延到每个期间去抵折旧，而不是在一开始一次性抵折旧。

另外，如果政府给我们的补助不是在建工程等固定资产类项目，而是对当年我们已发生的员工社保或促进社会就业的费用类补贴，比如 10 万元。那么其他收益就是 10 万元，体现的净费用就会少 10 万元了。

其他收益一般是记跟经营业务相关的政府补助。如果政府补助项目是跟经营无关的，例如台风过后政府给予自然灾害补助，那就记在后面要讲的营业外收入。

9. 加：投资收益（损失以"－"号填列）

本项目主要记录以下三项：

（1）买股票最后出售赚的钱。

（2）长期股权投资一家公司，投资期间权益法下的盈亏变化，以及成本法和权益法两种记账方法下的分红或最终卖掉赚到的钱。

（3）买一家公司的债券获得的利息收益及卖掉债券赚到的钱。

以上三项如果是亏的以负号填列。

例如如果买点股票 50 万元，股权占比 20% 以下，我们之前讲资产负债表时有讲到，应记在交易性金融资产。如果一段时间后股票涨到 60 万元，那么资产负债表的交易性金融资产就是 60 万元，利润表的公允价值变动收益就是 10 万元（60 万元 － 50 万元，公允价值变动收益这个项目主要记股票没卖掉之前市价的变动，我们等会会介绍）。最后以 75 万元出售，那么利润表的投资收益就是 15 万元（75 万元 － 60 万元），资产负债表的交易性金融资产清零。

我们可以发现，如果是买点股票，股票卖掉之前市价波动造成的盈利或亏损我们记在公允价值变动收益，最后出售股票赚或亏的钱记在投资收益。

如果持股 20% 以上，我们之前也有讲过，就不能再记到交易性金融资产了，就要记在长期股权投资了。长期股权投资我们之前讲到，按占比不同分两种记法。

如果占 20%~50%，是有重大影响，或者与其他人一起合营这家公司，那么被投资单位盈利或亏损，我们都要按股权比例调增或调减。这种记账方法我们也讲过，就是长期股权投资的权益法。

例如年初花了 5 亿元买了一家公司 40% 股权，资产负债表的长期股权投资就先记 5 亿元。

如果年底发现今年这家公司赚了 1 亿元，我们占 40％ 即赚 0.4 亿元，资产负债表的长期股权投资就变成 5.4 亿元，利润表的投资收益就是 0.4 亿元。年底决定卖掉，售价 6 亿元，赚了 0.6 亿元（6 亿元－5.4 亿元）。那么卖掉后资产负债表的长期股权投资清零，利润表的投资收益当年合计就是 1 亿元（0.4 亿元＋0.6 亿元）。

如果年底发现今年这家公司亏了 1 亿元，那我们就要确认亏损的 40％ 即亏 0.4 亿元，资产负债表的长期股权投资就变成 4.6 亿元，利润表的投资收益就是 －0.4亿元。年底决定卖掉，售价 5.1 亿元，赚了 0.5 亿元（5.1 亿元－4.6 亿元）。那么卖掉后资产负债表的长期股权投资清零，利润表的投资收益当年合计就是 0.1 亿元（－0.4 亿元＋0.5 亿元）。

如果占 50％ 以上，我们能够控制这家公司，我们说了算。这家公司虽然是花钱买来的，但跟自己开的一样。我们平时买自己的东西成本一般多少就是多少，以后不会再变。这就是我们之前讲的成本法记账。例如，如果我们是用 10 亿元买 80％ 股权，那长期股权投资就是 10 亿元不再动，无论对方盈利还是亏损。某年公司决定分红 1000 万元，我们占 80％ 即 800 万元，那我们利润表的投资收益就记 800 万元，资产负债表的长期股权投资还是 10 亿元。当年我们打算把这项投资出售，卖了 12 亿元，赚 2 亿元，那么这时资产负债表的长期股权投资清零，利润表的投资收益当年合计 2.08 亿元。

报表中对联营企业和合营企业的投资收益，就是长期股权投资股权比例一般为 20％～50％ 时，用权益法记账确认的投资收益。重大影响，就是这里的联营，即联合经营。

报表中以摊余成本计量的金融资产终止确认收益（损失以"－"号填列）是指卖掉资产负债表债权投资后得到的投资收益。

10. 加：净敞口套期收益（损失以"－"号填列）

本项目指做套期期间的损失或收益。套期大家应该都知道，一般就是通过买金融衍生工具例如期货等，来对冲现货，使要买或卖的现货价格稳定。

例如，我们有做铜期货套期，手中有 100 吨铜，3 个月后与客户签约要卖，现货市价 500 万元。我们怕到时铜价格下跌，那就相当于少卖了好价钱，于是现在就与金融机构签订了 3 个月的卖出铜期货合约（也叫签空单、做空）。现货就是手头现在的货，期货就是 3 个月这段时期之后的货。签订铜期货的好处是，铜期货价格的变化和铜现货价格的变化几乎是相同的，但由于买卖操作相反，从而可部分或全部弥补手中铜现货价格下跌造成的损失。假设 3 个月后，铜价格下跌了 30 万元变成 470 万元，我们铜现货少卖了 30 万元。但在铜期货市场上，我们这时需要买入铜期货合约来平仓（之前卖出），相当于铜期货市场上我们先高卖后低买赚了，假设我们赚了 28 万元。有了铜期货的保护，我们铜现货和铜期货加起来相当于只少卖 2 万元，不至于亏 30 万元。那么这时，净敞口套期收益就是 −2 万元。最后实际卖出时，我们再确认收入和成本。

11. 加：公允价值变动收益（损失以 "−" 号填列）

前文在讲投资收益时讲到，如果买股票，在买入至卖出这段时间市价的变化，记在公允价值变动收益。例如花 100 万元买入股票，1 个月后股价上升 40 万元，那么公允价值变动收益就是 40 万元，股票市值 140 万元；再过 1 个月，股价下跌 30 万元，那么公允价值变动收益就是 −30 万元，股票市值 110 万元；再过 1 个月，股价又上涨 10 万元，我们打算卖掉，我们刚才讲过，卖掉时市价的变化是记在投资收益，所以这时投资收益就是 10 万元，股票按市值 120 万元卖掉。

从这个过程我们可以看出，如果利润表是反映这一个季度的股票买卖情况，那么这 3 个月利润表公允价值变动收益是 10 万元（40 万元 −30 万元），投资收益是 10 万元，合计赚了 20 万元。而这个季度资产负债表的交易性金融资产从季度初的 100 万元，变成 140 万元，再变成 110 万元，最后 120 万元卖掉清零，也验证了赚 20 万元。

我们再总结一次，如果是买点股票（没达到20%，不记长期股权投资），股票卖掉前市价波动造成的盈利或亏损我们在利润表中记在公允价值变动收益，表示未卖掉未实现的股价变动收益或损失，最后出售股票赚或亏的钱我们在利润表中记在投资收益。

12. 加：信用减值损失（损失以"－"号填列）

本项目指金融类的资产因收不回造成的损失。因为赊销或借贷还钱主要看信用，所以这里叫信用减值损失。

例如，客户应收账款本来100万元，现在我们觉得有10万元收不回来，那么资产负债表的应收账款就剩90万元，利润表的信用减值损失就是－10万元。

再如，买别家公司债券100万元，资产负债表放在债权投资，每年收利息10万元，最后收回本金。如果觉得本金有10万元收不回来，那么资产负债表的债权投资就剩90万元，利润表的信用减值损失就是－10万元。

13. 加：资产减值损失（损失以"－"号填列）

本项目指我们在资产负债表里讲的存货或固定资产等非金融类的资产，由于陈旧、过时等原因导致市场价格出现下跌所造成的损失。

例如，一批存货进价100万元，因为陈旧残缺或质量原因，现在只能卖90万元，那么资产负债表的存货就剩90万元，利润表的资产减值损失就记－10万元。

再如，固定资产例如一台设备进价100万元，可用5年，假设没有残值，2年提40万元折旧后还剩60万元。此时出现了新技术，设备老技术要被淘汰了，没人要了，这时这台设备市价可能只剩20万元，那么资产负债表的固定资产就剩20万元，利润表的资产减值损失就记－40万元（20万元－60万元）。

14. 加：资产处置收益（损失以"－"号填列）

如果有一项资产要卖，例如一台设备，要分两种情况：一种是这台设备还能用，还有价值；另一种是设备已报废，没有价值。如果是还能用，那么卖这台设备赚的钱就记在资产处置收益里。

例如我们刚才讲到，一台设备进价 100 万元，可用 5 年，假设没有残值，2 年提 40 万元折旧后剩 60 万元。如果这时我们不想用了，想卖掉，卖了 50 万元。因为这台设备刚用两年，卖给别人后别人还能再用，是有价值的。那么这时，就应该把 – 10 万元（50 万元 – 60 万元）记在利润表的资产处置收益（本例损失）。

如果是报废卖掉，那就记营业外收入或支出，后文讲到这个科目再说。

15. 营业利润（亏损以"－"号填列）

营业收入加加减减上面的科目后得出的数字，就是营业利润。

营业利润就是跟公司经营业务相关的利润。

16. 加：营业外收入

本项目指公司经营业务范围外的零星项目赚的钱。请注意，这里虽叫收入，但不是营业额，而是最终赚到的利润。因为营业外的东西没多少，利润表就不再像营业内经常发生的业务一样，展开说明营业收入、营业成本、各项费用和收益等，而只是最后算一个净赚的利润记在这里。

营业外收入的例子，比如别人突然给你捐了一笔钱，还有比如你在盘点库存现金的时候发现多了，现金盘盈。另外，刚才讲的资产报废卖掉，如果扣除残值后还有盈余，也记在营业外收入。

17. 减：营业外支出

本项目与营业外收入相反，指公司经营主营业务范围外的零星项目亏的钱。请注意，这里虽叫支出，但也不是成本的意思，而是最终亏损多少的意思。因为营业外的东西没多少，所以最后算一个净亏损记在这里。

营业外支出例如你给别人捐了一笔钱。还有比如你在盘点库存现金的时候发现少了，现金盘亏。另外，资产报废卖掉，如果卖的钱太少，比残值还低，不够回本，就记在营业外支出。资产报废的原因有自然灾害、资产用太久损耗太大丧失功能等。

例如我们刚才讲到，一台设备进价 100 万元，可用 5 年，假设没有残值，4 年提 80 万元折旧后剩 20 万元，如果在第五年时这台机器因使用强度突然加大承担不了而报废了，再也修理不好，用不了了，我们只能当废铁卖。收购废铁的只愿意出 3 万元来买废铁。那么这时，利润表的营业外支出就是 17 万元。

18. 利润总额（亏损总额以"－"号填列）

利润总额就是营业内外的利润加起来，即等于营业利润＋营业外收入－营业外支出。利润总额也叫税前利润。

19. 减：所得税费用

公司的利润是要交企业所得税的。在我国，企业所得税税率一般是 25%，所以这里的金额一般情况下大致等于利润总额的 25%。之所以是大致等于，是因为税务局可能会做一些调整，这在税法部分再详细讲解。

所得税费用包括当期所得税费用和递延所得税费用。就是说，我们本年的税前利润要交的所得税，有些是当期要交的，有些是可以递延到后面去交或抵的，还有些是前面年度递延到本年来交或抵的。这个递延所得税费用，一般就是和我们在讲资产负债表时讲到的递延所得税资产和负债一一对应。

例如我们在讲资产负债表的时候举的那个例子，我们上年利润总额是亏了 100 万元，当期不用交所得税，但亏损可以后续抵，所以我们讲到会有递延所得税资产 25 万元。既然是后续可以抵，所以递延所得税费用是 － 25 万元。

因此，上年利润表所得税费用＝当期所得税费用 0 万元＋递延所得税费用 － 25 万元，正好是利润总额 － 100 万元的 25%。

如果我们今年赚了 300 万元，本来要交企业所得税 75 万元，但因为上年有亏损 100 万元可以抵所得税 25 万元，所以当期只要交 50 万元即可。我们在上例讲到，上年亏损那 100 万元在上年产生了递延所得税资产 25 万元，因为在今年抵了，所以递延所得税资产清零，相应的递延所得税费用 － 25 万元也清零。清零的意思就是，本来递延所得税费用上年是 - 25 万元，今年就加上 25 万元把这个项目变成零。

因此，今年利润表所得税费用 = 当期所得税费用 50 万元 + 递延所得税费用 25 万元 = 75 万元，正好是利润总额 300 万元的 25%。

20. 净利润（净亏损以"-"号填列）

本项目即指利润总额减去所得税之后的净利润。净利润也叫税后利润。

净利润分为持续经营净利润和终止经营净利润。

例如，我们集团有 5 家子公司，在今年 7 月卖了 1 家。那么在今年的利润表本期金额中，没卖掉的 4 家产生的净利润就放在持续经营净利润，今年初至卖掉前那家子公司所创造的净利润，就放在终止经营净利润。

为了可以对比，利润表第二列上期金额中，这家卖掉的子公司上年一整年所赚的净利润，全部要放在终止经营净利润。

至此，我们投资者关注的利润表的净利润及以上项目已经全部讲完。

二、其他综合收益及以下项目

为了与国际会计准则和财务报表格式趋同，我们的利润表也国际化了，增加了对资产负债表其他综合收益的补充说明。

其他综合收益的税后净额。其他综合收益因为是其他，不是跟经营相关的净利润，不需要像净利润一样，先列税前其他综合收益，再列所得税，最后得出税后其他综合收益，而是直接列示其他综合收益的税后净额。

其他综合收益前文在资产负债表讲过，它由于波动太大等不能进净利润。例如之前举的例子，把原来自用的房屋转为出租用的投资性房地产，并且今后打算用房地产市价记账，在转换时点市价与账上净值的溢价就记其他综合收益。但准则也同时规定，当我们把投资性房地产卖掉的时候，原来记在其他综合收益的金额，可以清零转出记到资产处置收益，重分类进利润表的净利润之前的项目（以下简称"进损益"或"转损益")。

为什么可以重分类进损益？这是因为，还没卖之前，房屋市价与当时购买的成本差异很大，而且是未实现的，没赚到手的。既然没赚到手，而且转投资性房地产前后价格波动也很大，公司就不应该躺着赚钱忽悠看财务报表的投资者。而当卖掉的时候，才是真真正正赚到手的钱，因此这时就可以转进损益。

当然这只是说房屋未卖掉前转换成投资性房地产时点市价与成本的差额记在其他综合收益，不能进损益。投资性房地产转换后市价的波动是记公允价值变动收益。我们也已经知道，股票未卖掉时的市价波动也记在公允价值变动收益。值得注意的是，公允价值变动收益这个项目本身就是净利润前的项目，是进损益的。另外，股票卖掉时进的投资收益项目，是净利润前的项目，也是进损益的。

因此，我们可以总结，投资性房地产和股票未卖掉前的市价波动是记公允价值变动收益，是进损益的。不能进损益的只是房地产从固定资产转投资性房地产时成本与市价的差。因为这个差价太大，我们只能先记在资产负债表的其他综合收益，卖掉了才允许转到资产处置收益而进损益。

当然，会计准则也规定，有些东西即使等到卖掉的时候，也不能进损益。

因此，利润表的其他综合收益这个模块，应按以后卖掉时能不能重分类进净利润之前的项目，分为不能重分类进损益的其他综合收益和将重分类进损益的其他综合收益。

下面我们按报表顺序介绍。

（一）不能重分类进损益的其他综合收益

不能重分类进损益的其他综合收益即不管现在还是以后，都不能重分类进净利润之前的项目。这主要包括以下几个项目：

1. 重新计量设定受益计划变动额

有些公司会为离职的员工每年发放离职后福利，相当于职工退休后每年可从公司领取退休金，这就是公司为员工所做的设定受益计划，让员工受益。那么这时，公司就要预测和精算一下员工退休离职后的通货膨胀率，经济增长水平，以及自然人的平均寿命等因素，来测算员工退休离职后，到底还要为员工支付多少钱。但这些因素是预测的，是说不准的，谁也没办法准确知道。如果发生变化，就要让精算师重新测算一下变化了多少，这个变动额就叫重新计量设定受益计划变动额。这个变动额因为太不确定了，准则规定不能进损益，只能进其他综合收益，而且任何时候都不能转进损益。

2. 权益法下不能转损益的其他综合收益

如果我们买了上面讲的那家每年给退休员工发离职后福利的公司20% ~50%的股权，例如40%，我们之前在好几处都讲过，这要用长期股权投资的权益法记账。这家公司所有者权益有什么变动，我们也要按所占股权比例的40%相应变动。我们之前讲权益法时举的例子都是进投资收益，也就是进损益。但是，如果这家公司的变动是重新计量设定受益计划的变动额，账记在其他综合收益，我们就不能记投资收益了。这个变动额所占股权比例的40%，则也要跟着相应进其他综合收益，而且以后卖掉这个长期股权投资时也都不能转损益。

还有其他例子，例如被我们占40%股权的公司发生了其他权益工具投资公允价值变动，这家公司也不能进损益，我们40%那部分也不能进损益，即使卖掉了也不能。

3. 其他权益工具投资公允价值变动

我们之前讲资产负债表的其他权益工具投资时讲到，如果买股权的量不是很大（例如20%以下），又不只是炒着玩玩，也要长期持有。但长期持有的目的不是为了参与对方的经营，而是为了与对方达成战略合作伙伴，形成战略联盟而相互持有对方一些股份，让合作更顺利，这就是其他权益工具投资。

我们其他权益工具投资的目的既然不是为了赚钱，那么股票的公允价值变动就不能进损益了。即使我们最后把这些股票卖掉，赚或亏的钱也不能转进损益。

4. 企业自身信用风险公允价值变动

如果企业自身信用风险变低，情况好转，比较讲信用了，那么找别人借钱时，利率就会比较低，发债就比较容易发得出去，负债价格就比较高，但之前已借的金融负债公允价值就变高，要偿还的就更多，如果记进损益，利润反而下降。

相反，如果我们企业自身信用风险变高，别人怕我们失信不还钱，不愿意借给我们，所以我们的借款利率就比较高，发的金融负债就会没人买，负债价格就下降，这样之前借的金融负债公允价值就变低，如果记进损益，利润反而更高。

这就很奇怪，企业信用变好利润反而下降，企业信用变差利润反而上升。这种因为企业自身信用风险引起的债券等的市价波动，就是企业自身信用风险公允价值变动。对于这种变动，会计准则规定，不管什么时候都不能进损益，以免误导投资者。

以上这些项目即使到期或卖掉也不能进损益，那要结转到哪里呢？退休金发放到期不用再发放，或以上的一些金融工具卖掉，不能进损益的其他综合收益，要结转到所有者权益的留存收益。留存收益包括盈余公积和未分配利润两个项目。因企业一般提取10%法定盈余公积，所以一般按1:9分配结转到盈余公积和未分配利润。

我们用表2-2总结一下各种金融工具市价变动的不同记账科目。

（二）将重分类进损益的其他综合收益

将重分类进损益的其他综合收益，是指有些项目卖出前未实现的波动，先进其他综合收益，但是在卖出时，因为真真实实赚到钱了，可以重分类进净利润之前的项目。

1. 权益法下可转损益的其他综合收益

刚才那个例子，长期股权投资一家公司，有40%股权，这家公司的所有者权益变动，如果属于卖掉不能转损益的项目，我们就相应不要转，如果是卖掉可以转损益的一些项目，那么也就跟着在这家公司卖掉时按我们所占40%股权比例转进损益。

表 2 - 2   不同金融工具的会计处理

特征	记入项目	卖出前市价波动记入项目	卖出时市价波动记入项目
持有至到期债权，赚取利息	债权投资	不会卖出	不会卖出
债权既持有至到期，赚取利息，又随时出售，赚取差价	其他债权投资	其他综合收益	投资收益，原其他综合收益也要转投资收益
闲钱炒股理财投资	交易性金融资产	公允价值变动收益	投资收益
相互持股战略合作，非交易性战略性投资	其他权益工具投资	其他综合收益	留存收益（即盈余公积和未分配利润的合称），原其他综合收益也要转留存收益

2. 其他债权投资公允价值变动

前文资产负债表讲到，其他债权投资，指我们持有别家公司债券的目的不是持有至到期，而是看情况，有可能持有至到期，也有可能在到期前把债券卖掉。那么对于这类"脚踏两只船"的投资，会计准则规定，未卖掉前市价的波动，不能进损益，只能放其他综合收益，等卖掉时真正实现了，持有期间累计记在其他综合收益的金额才可以转到投资收益，即转损益。

3. 金融资产重分类记入其他综合收益的金额

例如，我们买 100 万元债券，刚开始想持有至到期，我们在讲资产负债表时讲过，按成本 100 万元记在债权投资项目，但后来又想看情况，"脚踏两只船"，有机会就卖掉，那么就要重分类到其他债权投资按市价记了。假如市价变成 130 万元，那么这 30 万元就是公允价值变动。上一个项目讲到，其他债权投资公允价值变动，应记在其他综合收益，不能进损益。债权投资转换成其他债权投资时的市价变动，也应记入其他综合收益。这些记入其他综合收益的市价累计变动金额，都得等债券卖掉时，再一起转入投资收益即转损益。

4. 其他债权投资信用减值准备

我们讲资产负债表时也讲过，其他债权投资的市价已经反映了有迹象表明收不回来的钱。钱收不回来，就是信用评级要下调，就是信用减值。

结合我们刚才讲的其他债权投资公允价值变动这个项目，如表2-3所示。

表2-3　其他债权投资市价变动表及其会计记账　　单位：万元

市价	100	130	110	60（减值）
市价变化（记入其他债权投资公允价值变动）	0	30	-20	-50
累计变化（记入其他债权投资公允价值变动）	0	30	10	-40
其中：减值部分（记入其他债权投资信用减值准备）				-50

本来成本是100万元的其他债权投资，现在市价变成130万元，其他债权投资公允价值变动记30万元。然后市价又变成110万元，其他债权投资公允价值变动记-20万元，累计10万元。后来发行债券的公司财务状况出现恶化，现在有部分钱可能收不回来，市价就会大跌，比如降到60万元。那么，其他债权投资公允价值变动就变成累计的-40万元了（60万元-最初成本100万元）。

我们可以看到，-40万元包含三次市价变化，而最后一次-50万元市价变化，是因为信用减值评级下调，导致市价从110万元狂跌到60万元。

-50万元，除了把它笼统记在其他债权投资公允价值变动，还应把它单列出来，贷方记在其他债权投资信用减值准备，同时借方记信用减值损失，提前反映在净利润之前的项目。因为所谓减值准备，就是理解为以后债券卖少了提前做准备，所以提前进损益。

我们可以看出，其他债权投资公允价值变动是市价涨涨跌跌累计，是含其他债权投资信用减值准备的。

其他债权投资公允价值变动和其他债权投资信用减值准备这两个项目,都是卖掉时可以转损益的其他综合收益。假设现在我们把债券卖掉,这时记在其他债权投资公允价值变动的 –40 万元,以及单列出来记在其他债权投资信用减值准备的狂降的 50 万元,合计其他综合收益 10 万元,都会在债券卖掉时转入投资收益即转损益。从另一角度看,债券市价从 100 万元涨涨跌跌变成 60 万元,扣除减值从 110 万元跌成 60 万元提前进损益的部分,剩下 100 万元变 110 万元的部分,也能算出 10 万元。

此时,卖掉时才进损益的 10 万元,和提前反映在净利润之前项目的信用减值损失 –50 万元一起看的话,合计损失 40 万元,正好是其他债权投资公允价值从 100 万元变到 60 万元的金额。

因此结论如下:其他债权投资市价涨跌都进其他债权投资公允价值变动。正常情况下,市价上涨以及未减值的下跌的部分等卖掉再进损益,而市价出现大跌减值的部分在跌的时候就进入净利润之前的信用减值损失项目。

5. 现金流量套期储备

本书的净利润及以上项目讲到净敞口套期收益时,举的例子是我们有做铜期货套期保值,手中有 100 吨铜 3 个月后与客户签约要卖。但如果还没有客户跟我们签约,我们只是预期会卖,情况就有所不同。这种情形下,现货市价还是 500 万元,我们怕到时铜价格下跌,那就相当于少卖了好价钱,于是现在就与金融机构签订了 3 个月的卖出铜期货合约(也叫签空单、做空)。但因为没有签订合同,所以我们只能确认铜期货的市价变化,就记在现金流量套期储备。本项目在这个例子的意思就是,我们为防止 3 个月后铜现货价格下跌并且有买家时,我们在铜现货市场少收到现金亏钱,通过现在签铜期货空单的方式来提前做一些套期准备。

3 个月后,铜期货市场上我们延续之前的例子,赚了 28 万元,我们在其他综合收益的现金流量套期储备就记 28 万元。这 28 万元什么时候转损益呢?如果我们正好 3 个月后预期交易实现，真的把铜现货卖了，价格是 470 万元，因此铜现货市场我们少收到 30 万元现金，亏了 30 万元。这个时候我们同时把铜期货结算平仓掉，收到现金 28 万元。这时，我们把其他综合收益的 28 万元转损益，例如转入主营业务收入。这样我们合计只少收到现金 2 万元，合计只亏 2 万元。

我们对比一下净敞口套期收益（损失以"－"号填列）和现金流量套期储备，它们的不同之处在于是否已经跟客户签订了合同。如果已经签订合同了，我们就要同时记铜现货和铜期货相反买卖操作的盈亏变化，两者抵销后的一点差额记净敞口套期收益。如果还没签订合同，我们只需要把铜期货的市价变化记在现金流量套期储备，等到最后真的卖的时候再把期货平仓，把现金流量套期储备转入净利润之前的项目。铜期货平仓多（或少）收到的现金正好几乎可以跟铜现货的市价下跌（或上升）导致少（或多）收到的现金互相抵销。

所以，我们现在可以更加深刻地理解为什么这个项目叫现金流量套期储备，就是卖现货的时候为抵销多或少收到的现金做准备。

最后再补充一个知识点。已跟客户签合同的，专业上叫尚未确认的确定承诺，是公允价值套期。因为既然 3 个月后确定会卖铜现货，套的就是 3 个月后的公允价值变动。未跟客户签合同但预期是极可能发生的交易，就是本项目，即现金流量套期，套的是 3 个月后预期交易发生时产生的现金流量。

6. 外币财务报表折算差额

如母公司在境内，是以人民币记账的，有一家子公司在美国，是以美元记账的。那么到年底我们要编合并财务报表，看看合并起来一共赚了多少钱，首先就得把美元报表折算成人民币报表后合并。

那么怎么折算呢？我们需要把这家美国子公司的资产和负债里的货币性项目按年底的美元兑人民币汇率折算，而非货币性项目不用按年底汇率折算，保留按交易当时的汇率就行。

货币性项目指跟货币、跟现钱有关的科目，是需要用现钱结算的，例如应收账款，银行借款。因为到时要用现钱结算，所以要关注汇率的变动，年底编合并报表时，就要按年底汇率折算。

而非货币性项目指跟现钱较无关的科目，例如在美国买了一个店面。这个店面买了就是我们的，短时间内不用再用现钱结清了，所以我们就按当时买店面的汇率记一个成本价就行，不用再管后续汇率波动了，除非我们要把店面卖出去，再来关注卖时的汇率。

假设我们这家美国公司的资产里有银行存款100万元美元，应收账款100万元美元，店面固定资产投资200万元美元。负债里有向美国的银行借款50万元美元。所有者权益是350万元美元。资产 = 负债 + 所有者权益。

现在要折算成人民币，比如年底汇率是1美元 = 6.8元。那么，

货币性项目：银行存款和应收账款是货币性资产，需按年底汇率分别折算为680万。银行借款是货币性负债，需按年底汇率折算为340万元。

非货币性项目：店面按当时汇率算就行，假设当时买的时候汇率是1美元 = 6元，那么就是1200万元。所有者权益也是按当时股东出资时的汇率，以及按每年赚利润和分红时的汇率算就行，不用按年底汇率折算。假设所有者权益按这一系列事项当时发生的汇率算过来是2200万元。

此时，折算后的人民币报表变成：

左边：银行存款680万元　　　　　　右边：负债（银行借款）340万元

　　　应收账款680万元

　　　固定资产（店面）1200万元　　　　所有者权益2200万元

资产总计　2560万元　　　　　　负债 + 所有者权益总计2540万元

我们发现，资产不等于负债加所有者权益，差了20万元。因此，我们就把这个20万元作为外币财务报表折算差额，记到所有者权益中的其他综合收益科目，这样所有者权益就变成2220万元，负债 + 所有者权益合计2560万元，等于资产总额。当我们卖掉这家子公司时，每年外币财务报表折算差额累计数就可以

从其他综合收益转入投资收益即转损益了。

7. 综合收益总额

这是国际上利润表的格式，我们给引进来。综合收益总额＝净利润＋其他综合收益税后净额。

8. 每股收益

本项目指每一只普通股股票的净利润，不含其他综合收益。分为基本每股收益和稀释每股收益。

9. 基本每股收益

本项目比较好理解，基本每股收益＝净利润/发行在外的普通股股数。

10. 稀释每股收益

假设可转债、认股权证、股票期权等均已转换成股票，那么分母发行在外的普通股股数就会变多，所以每股收益就会变少。就像一杯糖水，水加得越多，就越不甜了，被稀释了。

至此，利润表就全部讲解完毕。

第三节　现金流量表

本节我们来介绍一下现金流量表的各个项目，并且讲一下附注披露里的现金流量表补充资料。

完整的现金流量表格式请参考本书附录3，完整的现金流量表补充资料格式请参考本书附录4，请大家对照阅读。

一、现金流量表

我们已经知道，现金流量表是对资产负债表的货币资金项目进行详细说明。

这里的现金并不单指现金，而是指现金及现金等价物，含现金、银行存款以及企业用现金买的 3 个月到期的国库券等。因为 3 个月很短，所以也当现金等价物了。

现金流量表跟记流水账一样，只要涉及钱的进进出出，就要登记在表里，不涉及到钱的进出，就不用记进来。现金流量表分为经营活动产生的现金流量、投资活动产生的现金流量和筹资活动产生的现金流量。

现金流量表的期间可以是一个月、一季度、半年或一年。现金流量表这些项目分本期金额和上期金额，即本年（半年、季、月）的金额和上年（半年、季、月）的金额。

现金流量表的文字比较通俗易懂，大家按字面基本就能理解。下面我们按报表顺序介绍。

（一）经营活动产生的现金流量

销售商品、提供劳务收到的现金。本项目按字面理解就行，销售商品例如卖电脑，提供劳务、服务例如修理电脑收到的现金。

收到的税费返还。本项目也是按字面理解就行，收到税务局返还给我们的税费。

收到其他与经营活动有关的现金。本项目按字面理解。

经营活动现金流入小计，指以上三项收到现金加起来。

购买商品、接受劳务支付的现金。本项目按字面理解，我们采购商品例如采购电脑，接受劳务、服务例如我们请别人帮我们修一下办公室的电脑所支付的钱。

支付给职工以及为职工支付的现金。本项目按字面理解。

支付的各项税费。本项目按字面理解。

支付其他与经营活动有关的现金。本项目按字面理解。

经营活动现金流出小计，指以上四项支付现金加起来。

经营活动产生的现金流量净额，指经营活动现金流入小计减去流出小计的差。

（二）投资活动产生的现金流量

收回投资收到的现金。本项目指我们卖掉股票、债券、长期股权投资等收回的钱。

取得投资收益收到的现金。本项目指我们持有股票期间收到的分红等。

处置固定资产、无形资产和其他长期资产收回的现金净额。本项目指我们把设备等卖掉收回的钱，减去卖设备时支付的一些费用后的净额。

处置子公司及其他营业单位收到的现金净额。本项目指我们把子公司卖掉收回的钱，减去卖子公司时支付的一些费用后的净额。

收到其他与投资活动有关的现金。本项目按字面理解。

投资活动现金流入小计，以上五项收到现金加起来。

购建固定资产、无形资产和其他长期资产支付的现金。本项目指我们从外面购买固定资产例如设备，或自行建造固定资产例如房屋等支付的现金，以及研究开发形成一项专利技术等无形资产所支付的研发费用等。

投资支付的现金。本项目指我们购买股票、债券、长期股权投资等支付的现金。

取得子公司及其他营业单位支付的现金净额。本项目指我们收购子公司等支付的现金。

支付其他与投资活动有关的现金。本项目按字面理解。

投资活动现金流出小计，指以上四项支付现金加起来。

投资活动产生的现金流量净额，指投资活动现金流入小计减去流出小计。

（三）筹资活动产生的现金流量

吸收投资收到的现金。本项目指发行股票、债券等收到的现金。

取得借款收到的现金。本项目按字面理解。

收到其他与筹资活动有关的现金。本项目按字面理解。

筹资活动现金流入小计，指以上三项收到现金加起来。

偿还债务支付的现金。本项目指偿还债务本金等支付的现金。

分配股利、利润或偿付利息支付的现金。本项目指股票分红，或偿还债务利息支付的现金。

支付其他与筹资活动有关的现金。本项目按字面理解。

筹资活动现金流出小计，指以上三项支付现金加起来。

筹资活动产生的现金流量净额，指筹资活动现金流入小计减去流出小计。

至此，我们把经营、投资、筹资三项活动产生的现金流量净额加起来，就是本期现金流入减现金流出后的净额。

汇率变动对现金及现金等价物的影响。如果有外汇，就要算汇率变动的影响。

现金及现金等价物净增加额。本期现金流入减现金流出后的净额，加上汇率的变动，就是本期现金流入流出的净增加额。

加：期初现金及现金等价物余额，等于期末现金及现金等价物余额。资产负债表货币资金项目的年初余额，加上本期现金流入减现金流出后的净额，再加上汇率变动影响，就是期末余额。其实是很简单的道理，即期初＋本期流入－本期流出＝期末。

二、现金流量表补充资料

现金流量表补充资料是附注披露里的一项内容，因跟现金流量表有关，我们提前到这一节进行讲解，大家注意对比区分。

完整的现金流量表补充资料格式请参考本书附录4，请大家对照阅读。

现金流量表补充资料里最主要的部分是将净利润调节为经营活动现金流量。为什么要选这两个指标来调整？净利润固然是投资者关注的一大重要指标，这不必多说。经营活动现金流量也是投资者关注的指标，这里不再多说，因为现金为王。一家公司即使净利润再高，没有较大正数的经营活动现金流量，就会有资金断裂的风险。所以，把这两个指标联系起来，将净利润调节为经营活动现金流量，对投资者来说，具有很大的财务报表分析意义。

我们知道，资产负债表、利润表和所有者权益变动表都是按权责发生制来记账的，就是当期发生的收入或费用，即使没有收到钱，例如赊销，或者没有实际支付，例如到明年才支付，都要算进今年的收入或费用。到了明年，虽然收到钱或实际支付费用了，但收入和费用都已经算在今年，明年不能重复算了。另外，我们也提到，购买固定资产比如生产用机器设备，可以用8年，买的时候一次性支付，例如800万元，我们要分8年摊折旧费。从现金流角度看，我们刚开始有一笔大额固定资产投资现金流出，后面8年每年计提折旧时都没有实际现金流出。

而我们的现金流量表反映的是有实际现金流入流出的，跟记流水账一样。这样就会有一个问题：利润表的净利润，因为有些有对应现金流入流出，有些没有实际现金流入流出（例如折旧费）。为了方便投资者了解我们的净利润是如何加加减减变成经营活动现金流量的，我们就需要将净利润调节为跟现金流量表对应的经营活动现金流量。

现金流量表分经营、投资、筹资三种活动。我们的净利润，主要跟经营活动有关，所以，我们的现金流量表补充资料主要是将净利润调节为经营活动现金流量。我们的净利润还与投资和筹资活动有关，但由于我们的目的是将净利润调节为经营活动现金流量，因此对与投资和筹资活动有关的利润还要进行剔除。

（一）将净利润调节为经营活动现金流量

1. 净利润

本项目就是利润表的净利润。

2. 加：资产减值准备

我们说过，资产减值准备是存货或设备等资产因陈旧等市价跌破成本而计提的。但当我们调整为市价的时候，我们还没卖掉，只是我们账上自己将存货等价值调减下来，同时另一边记在利润表的资产减值损失中，没有涉及现金，所以需要调增。

3. 加：信用损失准备

我们说过，信用减值准备是应收账款、债券等跟钱有关的货币性资产收不回来那么多钱造成的，跟还钱的信用有关。但当我们调低信用的时候，我们还没卖掉，只是我们账上自己将应收账款、债券等的价值调减下来，同时另一边记在信用减值损失，没有涉及现金，所以需要调增。

4. 加：固定资产折旧、油气资产折耗、生产性生物资产折旧

前文说了，买设备或房屋等，钱刚开始都付了，只是后面分几年摊。因此，每年的折旧没有涉及现金，需要调增。

5. 加：无形资产摊销

跟固定资产一样，像专利技术这种无形资产，也是刚开始都烧钱去研发，只是后面分几年摊，每年的摊销没有涉及现金，需要调增。固定资产的分摊叫折旧，无形资产的分摊叫摊销。

6. 加：长期待摊费用摊销

跟固定资产、无形资产一样，长期待摊费用都是刚开始一次性付了钱，例如对租入的房屋进行装修，后面分几年摊。后面每年摊的时候都没有涉及现金，需要调增。

7. 加：处置固定资产、无形资产和其他长期资产的损失（收益以"－"号填列）

我们知道，处置固定资产、无形资产和其他长期资产的损失，如果还有价值，处置净额放在利润表资产处置收益或损失里。但在现金流量表中，这属于投资活动，不是经营活动，我们的目的是将净利润调节为经营活动现金流量，所以这部分要剔除。

8. 加：固定资产报废损失（收益以"－"号填列）

跟上个项目一样，我们也说过，固定资产处置时如果是因为报废等没有价值了，处置净额我们放在利润表的营业外收入或支出里。但在现金流量表中，这属于投资活动，不是经营活动，我们的目的是将净利润调节为经营活动现金流量，所以这部分要剔除。

9. 加：净敞口套期损失（收益以"－"号填列）

我们之前在讲用铜期货进行套期的时候，还没到三个月卖掉前铜现货和铜期货的相反买卖操作导致的盈亏变化差额记在净敞口套期收益。因为还没卖掉，所以不涉及现金，需要调增。

10. 加：公允价值变动损失（收益以"－"号填列）

我们之前讲的股票、债券卖掉前市价变化有些记公允价值变动收益，有些记其他综合收益。记在公允价值变动收益的，因为还没卖掉，所以不涉及现金，需要调增。记在其他综合收益的，是所有者权益项目，不是利润表净利润之前的项目，不用管。

11. 加：财务费用（收益以"－"号填列）

财务费用属于筹资活动，不是经营活动，所以要进行剔除。

12. 加：投资损失（收益以"－"号填列）

投资损失属于投资活动，不是经营活动，所以要进行剔除。

13. 加：递延所得税资产减少（增加以"－"号填列）

我们之前讲过，所得税费用含当期所得税和递延所得税。递延所得税资产就是我们可以抵的，可以抵的减少了，说明我们在本期抵了，本期当期所得税在税法的允许下少交了。但这只是从递延所得税变到当期所得税，利润表的所得税费用总额不变。既然少交了现金，净利润就要加上递延所得税资产减少的金额。

14. 加：递延所得税负债增加（减少以"－"号填列）

跟上一个项目同理，递延所得税负债就是我们欠税务局的，欠的增加了，说明我们本期的当期所得税在税法的允许下少交了。但这只是从递延所得税变到当期所得税，利润表的所得税费用总额不变。既然少交了现金，净利润就要加上递延所得税负债增加的金额。

15. 加：存货的减少（增加以"－"号填列）

存货减少了，说明东西卖出去了，利润表的成本就增加了，净利润就减少了。但是存货期末比期初少，说明这是之前期间已经买进来的存货，在当期实际没有付出现金去购买，所以净利润就要加上去。

16. 加：经营性应收项目的减少（增加以"－"号填列）

经营性应收项目包括应收账款、应收票据、预付款项、其他应收款等。这些项目减少，说明在本期收到了之前期间赊销的应收款。但是我们之前说过，按权责发生制，这项业务记在了以前期间利润表的收入，没有记在当期的收入。既然我们调整为经营活动现金流量，就要把本期收到的钱加上去。

17. 加：经营性应付项目的增加（减少以"－"号填列）

经营性应付项目包括应付账款、应付票据、预收款项、其他应付款等。这些项目增加，说明在本期有应该付款而实际未支付的东西，例如采购存货未付款。结合上数两条加：存货的减少这个项目，按权责发生制，假设未付款的存货都记在了本期利润表的成本，这些成本没有涉及现金支出，所以要把本期应付未付的钱加上去。

18. 加：其他

本项目指加上面提到的事项之外的其他事项。

19. 经营活动产生的现金流量净额

至此，我们的净利润经过以上的加加减减，最终调节为经营活动现金流量。

现金流量表补充资料除了将净利润调节为经营活动现金流量，还有以下两个简单的补充资料：不涉及现金收支的重大投资和筹资活动、现金及现金等价物净变动情况。这两个都比较好理解。

（二）不涉及现金收支的重大投资和筹资活动

这个大类主要补充说明本期有一些没有涉及现金的重大投资和筹资活动。虽然在本期没有涉及现金，但对以后的现金流有重大影响。主要有以下三个项目：

1. 债务转为资本

也就是债权人说，欠的债不用还了，转为股份作为债权人对公司出资的资本。虽然转换没有涉及现金收支，但这对以后筹资活动有重大影响。债务转成股份以后就不用还，这对公司来讲，可以减少偿还债务本金和利息的资金压力。

2. 一年内到期的可转换公司债券

可转换公司债券，大家应该知道，就是可转为股份的公司债券。这个项目提醒投资者，公司一年内到期的可转换公司债券还有多少利息和本金要还。如果这一年内转换了，就是债务转为资本，公司就不用还。但如果债券持有人不想转，公司就要继续还。虽然现在还没有还，但这个项目提醒投资者，公司一年内的偿债压力预计是大还是小，债权和股权结构在一年内会发生变化。

3. 融资租入固定资产

想要理解这个项目，我们首先要清楚经营租赁和融资租赁。其实道理很简单。

经营租赁就是短期租来经营用的。例如我们租了一台设备，租赁期 2 年。平时我们支付租金，到期时，我们归还设备。

融资租赁就是指租赁到期时，设备是我们的。当然，对方也不是白给我们，我们租赁期间付的租金合计一般要能涵盖设备的市价。这相当于我们分期付款买东西一样，实际上就是一种融资。

还有其他一些情况也相当于融资租赁。例如我们长期租这个设备，长到几乎霸占了设备的可使用年限，也就算是融资租赁给我们了。假设一台设备可使用 8 年，我们长期租这台设备，假设租了 7.5 年，也是每年付租金。那么，因为这个设备几乎是我们在用，所以无论到期这个设备我们要不要还，这个设备已经被我们用得没有什么价值了。因此,这也相当于我们分期付款把这个设备给买了,也是一种融资。当然还有其他情况实质也是融资租赁。

我们回到融资租入固定资产这个项目。既然是融资租赁,我们现在没有付全价买下来,不涉及现金支出,但本项目提醒投资者,公司以后每期都要支付租金,租金已含利息,跟分期付款一样。这就是一种融资、一种筹资活动。

（三）现金及现金等价物净变动情况

这个道理其实很简单,按"本期变动 = 期末 − 期初"这个公式就行。

现金及现金等价物净增加额 = 现金及现金等价物的期末余额 − 现金及现金等价物的期初余额

至此,我们现金流量表及其补充资料全部介绍完毕。

第四节　所有者权益变动表

本节我们介绍所有者权益变动表的各个项目。

完整的所有者权益变动表格式请参考本书附录5,请大家对照阅读。

我们已经知道,所有者权益变动表是对资产负债表的所有者权益进行详细说明,即包含了对实收资本（或股本）、其他权益工具（其中:优先股、永续债）、资本公积、减:库存股、其他综合收益、专项储备、盈余公积、未分配利润等项目的详细说明。

所有者权益变动表的期间一般是季度、半年或年度的变动。所有者权益变动表这些项目分本年金额和上年金额,都是按"年初 + 发生 = 年末"这一顺序来说明如何变动的。对于本年金额,就是本年年初 + 本年发生 = 本年年末;对于上年金额,就是上年年初 + 上年发生 = 上年年末。没有特别调整的话,上年年末又正好等于本年年初。

只要前文讲的资产负债表里所有者权益的部分理解了，所有者权益变动表就很容易理解了。下面我们按报表顺序介绍，主要介绍本年金额。

一、上年年末余额至本年年初余额

一般情况下，没有特别调整的话，上年年末余额应该等于本年年初余额。但是因为下面一些原因，会导致两者不一样，要进行调整。

加：会计政策变更。会计准则要求受会计政策变更影响的那些项目的账要相当于从一开始就用新的政策。如果今年发生会计政策变更，就会造成上年年末余额和本年年初余额不一样。

那什么是会计政策变更？简单理解就是对同一个事情记账方法发生变化。例如，我们之前讲到，对于投资性房地产，公司可以选择用成本加计提折旧和减值这种成本法记账，也可以选择用市价即公允价值记账。如果公司之前有投资性房地产，并且是用成本法记，今年因为房地产所处位置交易市场活跃，有可靠的市价，想改用市价记，那么，这就是会计政策变更。准则规定，会计政策变更，要求从开始有这项投资性房地产时按市价记账。这样一来，我们不仅要调今年的数，还要调之前的数，导致上年年末余额和本年年初余额不一样。

加：前期差错更正。如果在本年发现上年或更早的账出现了差错，如果错误的性质或金额比较重大，那么大家想也知道，就要返回去改。这也会造成上年年末余额和本年年初余额不一样。

加：其他。本项目指以上两项调整之外其他要改的东西。

二、本年增减变动金额（减少以"－"号填列）

本年增减变动金额分为四块，即综合收益总额、所有者投入和减少资本、利润分配、所有者权益内部结转。

（一）综合收益总额

综合收益总额，即利润表本年的综合收益总额，也就是净利润加其他综合收益的税后净额。这就是本年赚到的钱，也完全就是本年综合收益总额发生的增减变动。

（二）所有者投入和减少资本

所有者投入和减少资本，分以下四项：

所有者投入的普通股。本项目即指本年向投资者发行股票筹集到的钱。

其他权益工具持有者投入资本。本项目指本年向投资者发行归类为所有者权益的其他权益工具筹集到的钱，例如有些优先股、永续债。优先股和永续债哪些归为所有者权益类，哪些归为负债类，我们之前已经讲过。

股份支付计入所有者权益的金额。有些公司为激励员工，会给员工股权激励。这就相当于用股份支付工资。例如公司和员工约定，如果员工好好在公司工作 3 年，3 年后达到某些业绩后，就能以约定的比市场价低的价格买到股份。

那么这个比市价低的差额，例如一共优惠 150 万元，就相当于我们给员工在这三年里多发的工资，每年需要摊 50 万元职工薪酬。我们知道，发行股票假如每股 6 元，那么 1 元记实收资本（或股本），剩下 5 元记资本公积。因此，员工股权激励每年这 50 万元，也相当于是比股本 1 元多出来的钱，记在资本公积。所以每年这 50 万元，借方记管理费用（职工薪酬），贷方记资本公积，职工薪酬和资本公积同时增加。因为资本公积是所有者权益类科目，所以在所有者权益变动表中也会体现出来。

其他。本项目指以上三项外的其他事项。

（三）利润分配

利润分配，分以下三项：

提取盈余公积。本项目就是我们之前讲的，公司赚钱了，利润不能都分掉，要按法律要求和公司自行决定，提取一定比例的法定盈余公积和任意盈余公积，留着以后公司发展用。

对所有者（或股东）的分配。本项目通俗讲就是指分红。

其他。本项目指以上两项外的其他事项。

（四）所有者权益内部结转

所有者权益内部结转，即在所有者权益各个科目之间划转变动，不影响所有者权益总数，但影响各个项目的金额。所有者权益有以下六项内部变动：

资本公积转增资本（或股本）。有时，公司没有靠向投资者筹资来增发股票，而是决定直接从公司的资本公积转过来。资本公积一般就按一股一元转增为实收资本（或股本）。例如要转增 1 亿股，那么资本公积就减少 1 亿元，实收资本（或股本）就增加 1 亿元。

盈余公积转增资本（或股本）。跟资本公积转增一样，有时公司决定用盈余公积来转增。

盈余公积弥补亏损。我们知道，资产负债表每个项目的金额是反映月、季、半年或年末公司累计的财务状况。如果年底盈余公积一共积累了 5 千万元，但之前有一年亏损了 1 千万元，我们可用盈余公积来弥补亏损。这样，盈余公积就减少 1 千万元，变成 4 千万元。那增加的那个项目是什么呢？是未分配利润。我们已经知道，每年赚取的税后利润，没有提取盈余公积和给股东分红的，最后都会进未分配利润，增加未分配利润的累计金额。如果是亏损的年度，会减少未分配利润的金额。我们回到这个例子，假设累计未分配利润是 2 亿元（这个累计已经包括了之前亏损的 1 千万元，未亏损前本来应该是 2.1 亿元），那么弥补过来后累计未分配利润就增加 1 千万元，变成亏损前应该有的 2.1 亿元。

设定受益计划变动额结转留存收益。我们之前讲过，有些公司会给退休员工每年发放离职后退休金，要测算通货膨胀率，经济增长水平，以及自然人的平均寿命等因素。如果这些因素发生变动，是记在其他综合收益，不能进净利润之前的项目。当退休金发放到期了，不用再发退休金时，我们也说过，其他综合收益金额也不能重分类进损益，而是要直接转到所有者权益的留存收益。我们之前也讲过，留存收益包括盈余公积和未分配利润，一般按 1 : 9 的比例分配结转到这两个项目。

其他综合收益结转留存收益。我们在讲利润表时讲过，那些记入其他综合收益的一些项目，例如战略合作伙伴互相持股买的对方的股票，进行战略性投资，应该记到其他权益工具投资，并且其市价变动记入其他综合收益，即使卖掉都不能转进净利润之前的项目。卖掉时，我们记到其他综合收益的累计市价变动，要转到留存收益，也是按 1∶9 的比例分配结转到盈余公积和未分配利润这两个项目。

其他。本项目指以上五项外的其他事项。

三、本年年末余额

经过年初、本年四项增减变动后，我们最后得出了所有者权益各个项目的本年年末余额。

至此，四张财务报表已全部讲完。这是本书的最核心部分，希望大家能够好好理解。如果第一遍看不太懂，有时间可以返回再阅读理解一下，肯定能明白。

第五节　附注披露

本节我们来介绍附注披露。

我们财务报告的附注披露主要针对四张财务报表的一些项目进行数字外的更详细的文字或数字说明。投资者边看财务报表，可边索引到附注，阅读一些重要事项。

除了对报表重要项目的说明外，我们还要在附注披露中说明企业的基本情况、财务报表的编制基础、遵循企业会计准则的说明、重要会计政策和会计估计、会计政策和会计估计变更以及差错更正的说明，以及其他需要说明的事项例如报告分部披露、关联方披露等。下面挑选几个事项进行介绍。

财务报表的编制基础。一般企业的财务报表的编制基础都是假设公司可以持续经营下去。当然，对于一些面临或正在进行破产清算的企业，其财务报表的编制基础就是非持续经营了，就得以清算为基础来编制了。搞清财务报表的编制基础对投资者理解整套财务报表的数据很重要。例如，持续经营情况下，我们的生产设备等固定资产才可以按每年分摊折旧来记账。如果一年后企业非常有可能破产被清算掉，那么生产设备就不能按每年来分摊了，而应该按被清算卖掉的清算价值来记账了。

遵循企业会计准则的说明。企业要发表声明，声明自己做账遵循企业会计准则。

重要会计政策和会计估计。我们在所有者权益变动表那节说过会计政策。当时我们讲到，对于投资性房地产，公司可以选择用成本加计提折旧和减值这种成本法记账，也可以选择用市价即公允价值记账。这是企业对一项经济业务，采用什么会计政策来记账的问题。会计估计，是指企业对记多少做出的估计。例如一台设备估计要按几年来分摊提折旧，设备用完后最终残值估计有多少，能卖多少钱，等等。

会计政策和会计估计变更以及差错更正的说明。我们在所有者权益变动表那节也有讲到这两个内容。从上年年末余额调整到本年年初余额时，要考虑会计政策和会计估计变更以及差错更正。

报告分部披露。有时一家企业规模比较大，就要对其中一些比较重要的可以单独进行业绩评价的组成部分进行披露。这里主要披露各个重要组成部分的财务情况，也就是每个分部那四张财务报表。

关联方披露。有些企业之间有关联关系，就应该进行披露。

什么是关联方？以一个家庭为例。一个 5 口之家的成员之间，就有直接的关联关系。这个家庭和七大姑八大姨的亲戚关系，也是一种关联关系。人与人之间有了这层关联关系，做事情就会互相照顾一些。例如，卖一个东西，卖给别人是一个价，卖给亲戚熟人会打折或直接免费赠送。

在企业也会有这种关联关系。例如，我们之前说的，一家企业持有另一家企业50%以上股权达到控制，或者一家企业持有另一家企业20%~50%股权，有重大影响或是参与合营，等等，都是关联关系。这种关系也会造成两家企业之间的有些交易不公允。例如，卖一个东西，企业卖给别人是一个价，卖给关联企业会打折或直接免费赠送。因此，企业与哪些公司有这种关联关系，需要披露出来，让投资者知道。这样投资者才会警惕这些公司之间有没有进行一些关联交易，互相照顾对方，是否存在利益输送等。企业与自然人例如企业主也有关联关系。

附注披露先讲到这里。希望大家以后在阅读财务报表的时侯，能够多关注后面的附注披露，了解到更多的信息。阅读附注披露更有助于大家判断这家公司数字之外的情况，决定是否购买这家公司的股票以及长期持有。

第六节　合并财务报表

现在的有些公司规模都很大，不止一家公司。有的集团甚至一个母公司层层控股，底下有几千家子公司，是一个千户集团。虽然每个子公司都有自己的四张财务报表，但我们看这个集团的财务报表时，肯定不想一家家公司的四张财务报表看过去，而是想看一下这个集团作为一个整体，合并起来的财务情况是怎么样的。这就需要这个集团把所有子公司的报表合并起来，编制四张合并财务报表。

这里再次说明一下，子公司一般指母公司持有50%以上股权，可以达到控制的公司。有时母公司虽然持有子公司的股权比例小于50%，但在这家公司的董事中占有的人数比较多，实质上也可以控制和决定这家子公司的经营。母公司拥有100%股权的子公司，叫全资子公司。母公司拥有未达到100%股权的子公司，例如只占80%，叫控股子公司。那些拥有另外20%股权的股东，叫少数股东。

编制合并报表，并不是简单地把所有子公司四张财务报表的数据直接相加，而是要考虑一些母公司与子公司，或者子公司与子公司之间的抵销事项。

下面我们讲解四张合并财务报表的编制原理，主要讲解编制时要抵销的一些事项。

一、合并资产负债表

合并资产负债表要抵销内部关联债权债务。试想一下，一个家庭内部，我借你钱，你借我钱，从家庭整体角度来看，自己人借自己人，合起来对外就没有这个债权债务。因此，母公司与子公司，或者子公司与子公司之间的债权债务，应该进行抵销。合并资产负债表只保留从集团整体来看，集团对外的债权债务。

例如，母公司 A 下有 a1、a2、a3 三家子公司。其中，a1 公司欠 a2 公司 100 万元。另外 A 公司欠集团外的 B 公司 200 万元。如果合并报表只是把各家报表简单相加，那么应收账款有 100 万元（a2 账上），应付账款有 300 万元（A 账上 200 万元，a1 账上 100 万元）。但实际上，有 100 万元是子公司间互欠的，要抵销，只保留对外的欠款。因此，合并资产负债表抵销后整个集团只有应付账款 200 万元。

合并资产负债表要抵销内部长期股权投资和实收资本。一个集团内，你投资我，我投资你，其实都是自己投资自己，不算真正的投资，要抵销掉。只有投资集团外的，才是真正的投资。例如，A 公司花 1000 万元投资 a1 公司，A 这边记长期股权投资 1000 万元，a1 记实收资本 1000 万元，在编合并资产负债表的时候，这两个金额要抵销掉。

如果没有100%股权，公司就存在小股东。那么合并资产负债表里的所有者权益，就要按股权比例分为归属于母公司所有者权益（或股东权益）和少数股东权益。

二、合并利润表

合并利润表要抵销内部关联交易。一个商品在集团内部，我卖给你，你卖给我，我再卖给你，你再卖给我，如果这些收入、成本和毛利不抵销的话，简单相加，那么，一个东西就会记好多次收入、成本和毛利。这显然是不对的。只有这个东西卖到集团外部，才算真正卖出去，才能在合并利润表上体现收入、成本和毛利。

合并利润表要抵销内部投资收益和向股东分配利润。前文讲过，一个集团内，你投资我，我投资你，其实都是自己投资自己，不算真正的投资，要抵销掉。那么如果集团内两家公司自己投资自己后，有利润并分红了，也是自己人分给自己人，不是真正对外投资后获得分红。所以，决定分红的那家公司向内部股东分配的利润要和收到分红的那家公司的内部投资收益互相抵销。

如果没有100%股权，那么合并利润表里的净利润，就要按股权比例分为归属于母公司股东的净利润和少数股东损益。请注意，合并资产负债表是少数股东权益，只差一个字。同样，合并利润表里的综合收益总额也要按股权比例分为归属于母公司所有者的综合收益总额和归属于少数股东的综合收益总额。

三、合并现金流量表

合并现金流量表要抵销内部公司之间的资金往来。自己人给自己人打钱，肯定要抵销掉。

当然，内部资金往来抵销也要分三类：有些内部资金往来是经营活动类的，就抵销在经营活动现金流入流出项目；有些内部资金往来是投资活动类的，就抵销在投资活动现金流入流出项目；有些内部资金往来是筹资活动类的，就抵销在筹资活动现金流入流出项目。

四、合并所有者权益变动表

合并资产负债表的所有者权益抵销了什么，合并所有者权益变动表就要相应抵销什么。例如刚才讲的实收资本（或股本）、对所有者（或股东）的分配等项目。

如果没有100%股权，那么合并所有者权益变动表里的所有者权益，也要按股权比例分为归属于母公司所有者权益和少数股东权益，分别说明两者的变动情况。

至此，我们合并财务报表也已全部讲完。当然，合并财务报表其实还有很多知识点，本书只是普及最一目了然的东西，让大家短时间了解一下这些就够了。

本章小结

本章前四节按四大财务报表里明细项目的顺序带大家完整了解了一遍各项目，希望大家能突然之间觉得财务报表原来就是这么一回事。第五节让大家知道阅读四张财务报表时要配合着阅读附注披露，了解其他信息。第六节让大家知道对于多公司的集团，编制合并财务报表时需要抵销哪些内部的东西。

接下来，第三章在了解完这四张财务报表的基础上，向大家介绍公司是如何利用这四张财务报表，分析四张财务报表背后的东西，从而提高对公司的财务管理水平。

第三章 公司财务报表分析与管理

本章共三节。讲完了会计的核心四张财务报表之后，想必大家都已经大体知道每张报表每个项目到底是在记录什么业务了。但是，仅仅知道这些数字还不够，我们还需发现数字背后的秘密及其反映的业务情况。因此，本章我们更进一步，透过四张财务报表数字，带大家揭开数字背后的面纱，分析其中一些数字之间的联系，发现公司管理上的问题及漏洞。学会分析财务报表，有利于公司做出后续的经营和管理决策，获得更大的成功。

本章第一节先带大家了解常用的直接从四张财务报表取数的基础财务比率分析以及资本结构安排。第二节综合这些财务比率，向大家介绍囊括整个公司财务数据分析的杜邦分析体系。第三节带大家玩转资产负债表、利润表、现金流量表三张财务报表，像玩魔方一样对三张财务报表进行变形，以便发现管理上的一些问题。

第一节 常用财务比率分析及资本结构

本节我们带大家从公司四张财务报表的数字中，计算出一家公司的几大项财务比率指标，包括短期偿债能力比率、长期偿债能力比率、营运能力比率和盈利能力比率共四项基本评价比率。另外，本节还将带大家了解公司的资本结构，即资产负债表中负债和所有者权益按什么比例搭配比较合适。这有利于我们经营一家公司时决定自己出多少钱，向别人借多少钱合适。

我们再回顾一下资产负债表的结构：

左边：流动资产　　　　　右边：流动负债

　　　非流动资产　　　　　　　非流动负债

　　　　　　　　　　　　　　　所有者权益

资产总计　　　　　　　　负债＋所有者权益总计

我们已经讲过，流动资产是短期可以变现的，流动负债是短期需要偿还的，而非流动资产是短期变现不了的，非流动负债是短期不用偿还的。因此可以发现，我们一般是用流动资产来偿还流动负债，用非流动资产来偿还非流动负债。所以，要合理安排，使流动资产的金额大于流动负债，非流动资产的金额大于非流动负债，这样才不会导致到期还不起债。

总的来讲，结论和原则就是：流动资产配比流动负债，非流动资产配比非流动负债。

一、短期偿债能力比率

短期，就是流动的意思，所以短期偿债能力，主要是与资产负债表的流动资产和流动负债有关。

短期变现的资产和短期偿还的负债一般与日常经营有关。我们做生意无非一个最通俗的道理：经营过程中尽量多收少付，让握在手中的钱越多越好。多收，无非是希望客户最好买东西的时候不需要赊销，马上付款，或预先支付更好，也就是流动资产中的应收账款越少越好，预收款项越多越好，或者应收账款客户越快还钱越好。少付，就是我们采购货款时，供应商最好能尽量给我们较长的赊销期限，也就是流动负债中的应付账款越多越好，而且越晚付款越好。当然，这些都是建立在正常友好商业往来的基础上。

这样，我们通过对经营流动资产和经营流动负债的调节控制，做到多收少付，留更多的钱在手中。手中保持暂时留有一些钱，我们就可以拿这些钱去做经营业务或理财投资用。

当然，我们要控制一个度，一边收到的钱不能去投资太多长期才能变现的资产，另一边应付账款不能太高，不能"玩坏"了，超过自己的短期偿债能力。那么这个度，就是流动资产始终要比流动负债多，这样才能保证还得起钱，不至于资金链断裂。

因此有一个公式：营运资本＝流动资产－流动负债。营运资本要大于零，才能保证流动资产大于流动负债，否则还不起债，短期资金压力就很大。

我们还有常用的以下几个短期偿债能力比率，来帮助企业老板们监控财务指标，不至于玩过度而导致资金链断裂。

流动比率。流动比率＝流动资产/流动负债。流动资产要大于流动负债，所以相除的流动比率要保证大于1。

现在我们遇到另一个问题，就是流动资产里的有些项目，虽说是流动的，但遇到十分紧急需要马上偿还的流动负债，也不一定能立刻变现。为了更好地衡量各种流动资产变现还债能力，我们更进一步又有几个指标。

我们知道，流动资产主要包括货币资金、交易性金融资产、应收账款、预付款项、存货、一年内到期的非流动资产等。这些虽然全部都是流动的，但强中更有强中手。我们可以根据这些流动资产的流动性快慢再进一步区分哪些流动得比较快，哪些流动得比较慢。

排在第三梯队流动性较慢的是预付款项、存货、一年内到期的非流动资产。因为预付款项要供应商给我们发货，变成存货，再将存货卖出去才能变现，一年内到期的非流动资产也是一年内才能变现，这些都不能马上变现。遇到短期有紧急流动负债需要偿还时，这些流动资产因为变现速度较慢，会影响还钱。

如果我们能在流动资产中把预付款项、存货、一年内到期的非流动资产剔除，剩下的我们就能确保及时满足短期迅速变现还钱的需要。因此，排除这几项之后剩下的流动资产，我们取名速动资产，就是能迅速流动变现的资产。

因此，我们得到一个更快，更有保障的指标及其计算公式：速动比率＝速动资产/流动负债。

就像比赛一样，我们已经进入八强，准备进四强，将流动资产中的一些较慢的资产剔除，得到速动资产。那么，速动资产中，是否还可以再剔除一些流动性偏慢的资产？可以！我们继续四强争霸！

速动资产中，我们可以看出，里面主要含有货币资金、交易性金融资产和应收账款等。

排在第二梯队流动性偏慢的是交易性金融资产、应收账款等。交易性金融资产简单来讲就是股票。如果我们现金不够，但眼下还得还钱，那么我们可以咬咬牙，把股票卖掉去还钱，可以短时间筹集到资金。应收账款也一样，我们给客户的赊销期一般是一至几个月，所以短期筹集到资金也不是特别难。但这两者要变现总归需要一点时间。

因此，我们可以继续把排在第二梯队的交易性金融资产和应收账款剔除，只剩下第一梯队的货币资金。

排在第一梯队的是流动性最快的货币资金。货币资金本来就是现金、银行存款等，如果需要还债，可以马上拿出去偿还。因此我们得到另一个指标及其计算公式：现金比率＝货币资金/流动负债。这是最靠谱、最可信的可以立刻拿去还钱的流动资产了。现金比率越高，说明货币资金越多，越能马上偿还得起短期流动负债。

说到现金，我们会想到现金流量表，分为经营活动、投资活动和筹资活动，跟日常经营关系较密切的是经营活动。因此，人们就会想到衡量短期偿债能力的另一指标及其计算公式：现金流量比率＝经营活动现金流量净额/流动负债。我们可以用这个比率来看看日常经营活动产生的现金是否足够偿还短期流动负债，这就是靠谱中的靠谱了。

二、长期偿债能力比率

长期偿债能力比率主要关注长期负债能不能偿还得起，是对整个资产负债表整体进行的偿债能力分析。长期偿债能力衡量公司整体偿债能力水平。

请注意，如果一项短期负债不断续约，也算是一种长期负债。

偿债无非分为还本和付息。短期偿债能力因为时间较为紧迫，我们主要关注其短期流动性的强弱。但是，长期偿债能力因为是长期的，与公司长期经营和可持续发展有关，我们在指标上更关注长期还本能力和付息能力，长期进行统筹。

（一）还本能力比率

我们知道，资产负债表中，资产 = 负债 + 所有者权益。还本能力主要表现了三者之间的关系，主要体现出在总资产中，负债所占的比例。

最常见的指标及其计算公式是：资产负债率 = 总负债/总资产，直接体现了资产中负债所占的比例。

还有两个指标，是资产负债率的变形，其实也是间接体现资产中负债所占的比例。这两个指标及其计算公式分别是：权益乘数 = 资产/所有者权益，以及：产权比率 = 总负债/所有者权益。这些也都很好理解。

当然，我们还钱不管是还短期的还是长期的，都是用现金或银行存款还钱。大家也关注经营活动中产生的现金流能否还得起长期负债。因此有一个指标及其计算公式是：现金流量负债比例 = 经营活动现金流量净额/总负债。

（二）付息能力比率

付息能力，我们主要关注赚到的钱能不能付得起每年的利息。如果每年赚的钱，能够覆盖利息，那我们付息能力就比较有保障。

所以我们有一个指标及其计算公式是：利息保障倍数 = 息税前利润/利息费

用。息税前利润我们之前有讲过，就是扣除利息和企业所得税之前的利润。如果利息保障倍数大于 1 倍，我们付息压力就比较小。当然，不能只有 1 倍多一点，因为我们经营情况有时较不稳定，所以最好是能比 1 倍多很多。另外，用息税前利润而不是净利润来算利息保障倍数，更接近实际情况。因为我们实际的顺序就是先拿息税前利润去扣完利息和企业所得税后才得出净利润。

当然，和还本能力比率一样，我们付息不管是付短期的还是长期的，都是用现金或银行存款还的。大家也关注经营活动中产生的现金流能否还得起长期负债利息，因此有一个指标及其计算公式是：现金流量利息保障倍数 = 经营活动现金流量净额/利息费用。

三、营运能力比率

营运能力比率，主要是分析一家公司各项资产的周转率（即周转次数）和周转天数，主要是与营业收入挂钩。我们以一年为一个期间进行讲解。

应收账款周转率（即周转次数）= 销售收入/期末期初平均应收账款

这个公式想说明年营业收入是年平均应收账款的几倍，含义就是为了在一年内产生这么多营业收入，应收账款要周转几次。在算完周转次数后，我们进而计算年应收账款周转天数 = 365 天/应收账款周转率（次数），也就是表示这一年为了产生这么多营业收入，一年 365 天，每次周转要花费几天。

当然，各项资产都可以这么算一下。比如我们经常用以下几项资产的周转率（即周转次数）指标：

存货周转率（次数）= 销售收入/期末期初平均存货

流动资产周转率（次数）= 销售收入/期末期初平均流动资产

固定资产周转率（次数）= 销售收入/期末期初平均固定资产

非流动资产周转率（次数）= 销售收入/期末期初平均非流动资产

总资产周转率（次数）= 销售收入/期末期初平均总资产

相应地，我们有这几项资产的周转天数指标：

年存货周转天数 = 365 天/存货周转率（次数）

年流动资产周转天数 = 365 天/流动资产周转率（次数）

年固定资产周转天数 = 365 天/固定资产周转率（次数）

年非流动资产周转天数 = 365 天/非流动资产周转率（次数）

年总资产周转天数 = 365 天/总资产周转率（次数）

当然，存货因为和营业成本有关，我们在做内部业绩评价管理的时候，经常将存货与营业成本挂钩。所以，存货周转率（次数）指标的计算公式可以变为：

存货周转率（次数）= 销售成本/期末期初平均存货。

在这么多指标中，值得注意的是，由于应收账款是赊销引起的，而销售收入包含赊销和现销，因此计算应收账款时，最好能够用赊销的销售收入，这样比较配比。当然，很多时候公司的财务报告附注不会告诉我们赊销销售收入有多少，我们只能用利润表里总的销售收入来粗略计算，如果赊销较少就会有较大偏差。

四、盈利能力比率

盈利能力主要和净利润有关，主要分析公司利用手中的资源，创造利润的能力如何。主要有以下几个指标：

销售净利率 = 净利润/销售收入，反映营业收入的净利润比率。

资产净利率 = 净利润/期初期末平均总资产，反映利用公司的总资产可以创造的净利润比率。

权益净利率 = 净利润/期初期末平均所有者权益。资产净利率体现总资产创利能力，但总资产等于负债和所有者权益，用权益净利率更能直接反映公司用股东投资的钱可以创造多少净利润。这也是投资者最关心的，是股东自有资金的投资回报率。

如果与公司股价联系起来，我们相应还有三个指标。

市盈率＝市价/净利润，体现当前的股票市价是净利润的几倍。

市净率＝市价/净资产，体现当前的股票市价是净资产的几倍。净资产即总资产扣除负债后剩下的所有者权益。

市销率＝市价/销售收入，体现当前的股票市价是销售收入的几倍。

五、资本结构

我们常常被一个问题困扰：我们经营一家公司，是用股东自有资金比较好，还是借债经营比较好？如果借债，要借多少合适？

我们知道，资产＝负债＋所有者权益。负债是债权，所有者权益是股权。那么，债权和股权比例多少，就是我们这里要讲的资本结构。

资产负债表左边的资产主要是经营公司业务用的资金、存货、固定资产等，是公司的钱的投资去向。既然投资经营公司，那么就会有经营风险。小的经营风险例如淡季产品卖不出去，大的经营风险例如长期萧条、常年亏损，甚至破产。

资产负债表右边的负债和所有者权益是支持公司发展的资金来源。公司烧钱的来源，无非就是债权和股权。

我们一般的观念都是比较保守的，不希望借债或借太多债。但是，如果经营风险较小，业务发展比较稳定，能够产生较多经营现金流，每年支付利息的能力较强时，适当的负债是有好处的。

经营风险较小时，适当的负债有利于公司的发展。一是企业所得税是对收入减费用后的利润征税的。费用越多，利润就越少，企业所得税就越少。因此，如果有借款，借款的利息费用就可以抵减所得税。这叫作负债利息的税盾作用，像盾牌一样，能使企业少交所得税。二是债务的资金成本比股权低得多。因为债权人获得的是固定的利息收益。不管公司盈利还是亏损，公司都得按时还债权人的利息，否则严重的会被告破产。所以，债权人风险较低，自然而然利率就比股权成本低。而股东要为公司的盈利或亏损负责，多盈利多分钱，多亏损多亏钱，自然承担的风险就比较高，要求的回报率就比较高，发行股票的资本成本就比较高。因此，在公司业务稳定发展，每年足够偿还债务利息时，适度负债，可以以较低的资金成本取得资金，为公司发展补充资金弹药。

当然，公司发展需要资金时，我们首先选择使用我们自己公司每年赚钱留存未分配的盈余公积和未分配利润（留存自己赚的钱也是有资金机会成本的），其次考虑选择资金成本较低的债务融资，最后考虑选择资金成本较高的发行股票进行股权融资。

但过度的负债会加大公司的财务风险，引发破产倒闭危机。所谓财务风险，简单来说就是还不起钱，严重的会被债权人起诉，甚至破产倒闭。负债越多，股东自有资金就越少，这种情形，我们专业术语叫作财务杠杆六。为什么这样讲？杠杆原理大家都知道，就是用很小的力气可以撬动很重的东西。这旦财务杠杆也是这个意思。如果负债很多，那么股东自有资金就相对很少。用很少的自有资金，配合借入大量外部债务，就能使公司运转起来并经营下去，撬动了整个公司的经营发展。万一运气好，公司赚得盆满钵满，只需要偿还债务的固定利息，大头都让股东自己赚了，以小博大就成功了。但是，如果没博成功，结果是很惨的。所以，过度负债的策略显得很激进，风险很大。风险和收益真的是成正比的。

现在我们已经了解了公司的经营风险和财务风险。正是这两个风险决定了我们的债权和股权要如何搭配。一般来讲，公司的经营风险，要看整体市场的大环境如何。一家公司自身很难去控制和改变整个大环境，所以经营风险较不可控，更多是被动的。而财务风险是公司自己筹资的事情，自己可以控制要多筹集债务资本还是股权资本，是主动的。因此我们要以主动应对被动，化被动为主动，即根据公司面临的整体市场经营风险的高低，来调整我们自身的财务风险，用我们自己可以控制的财务风险，去适应和应对我们不可控制的经营风险。

因此，负债借多少合适的问题，就是债权和股权这两种资本的结构如何搭配的问题，也就是我们财务风险大还是小的问题。财务风险的大小又要看经营风险的大小。所以，负债借多少合适的问题，就转化成我们如何搭配好经营风险和财务风险的问题。

一个原则就是，经营风险和财务风险要反向搭配。

经营风险越高，公司发展越不稳定，这时财务风险就要越低，负债就要少一点。因为公司经营情况不稳定，无法保证能赚到足够的钱来偿还债务的利息和本金。换句话讲，就是利息保障倍数小于1。这时如果再借入大量债务，财务风险就会很大，大概率还不起债，严重的甚至会破产。

而经营风险越低，公司业务越稳定，就越有稳定的收益，这时财务风险就可以高一点，也就是可以多借一些债务。公司稳定了，财源滚滚，现金不断涌入公司，我们不怕还不起钱。业务稳定借更多钱的另一好处是，万一运气好，公司赚得盆满钵满，股东只需要偿还债务固定利息，大头都自己拿了。

我们用表3-1反映公司各个阶段面临的经营风险的大小以及相应财务风险的搭配。

表3-1　公司各阶段经营风险和财务风险的反向搭配

	导入期	成长期	成熟期	衰退期
经营风险	非常高	高	中等	低
财务风险	非常低	低	中等	高
资本结构	股权融资	股权融资为主	股权＋债权	股权＋债权
资金来源	风险资本、天使投资	股权融资	留存盈余＋债权融资	债权融资
股利	不分配	低分配	高分配	全部分配

第二节　杜邦分析体系

上一节我们讲了好多主要的财务分析比率指标，比较零散。那么有没有一个综合的指标，可以把所有报表的关键指标数据联合在一起，全面考量一家公司的财务情况呢？有的，这个综合指标也隐藏在上节我们提到的那些指标中，这个指标就是权益净利率。这也是股东最想知道的，他投的钱记在所有者权益之后，能产生多少净利润。权益净利率的另一种叫法是股东自有资金的投资回报率。

权益净利率＝净利润/所有者权益。别小看权益净利率这小小的两个数相除。权益是资产负债表的所有者权益，是资产扣除负债之后的股东权益，而净利润是利润表营业收入减去成本、费用、所得税等之后剩余的净利润。因此，这个指标囊括了整个公司的财务情况。我们把这个公式展开变形一下，就知道这里面隐藏了整个公司四张表几乎所有的财务指标：

权益净利率＝净利润/所有者权益，我们变个形，分别一除一乘加入总资产和销售收入，就可以得到：

权益净利率＝（净利润/销售收入）×（销售收入/总资产）×（总资产/所有者权益）＝销售净利率×总资产周转率×权益乘数

这就把我们上节讲的那些指标全都有机统筹包含进来了。这就是杜邦分析体系，从权益净利率分别一除一乘加入总资产和销售收入，得到三个指标相乘。而这三个指标所用到的项目，是资产负债表和利润表最头和最尾的关键项目，包含了四张财务报表的所有内容。因此，这是一个囊括各个财务指标比率的综合的财务分析指标体系。

要提高投资回报率即权益净利率，我们就要想办法提高销售净利率、总资产周转率和权益乘数三个指标。要提高这三个指标，我们就要去分析这三个指标中哪些地方做得好哪些地方做得不够好。做得好的要保持、优化和完善，做得不好的要改进和提升。

销售净利率是公司的盈利能力比率，主要跟利润表有关。销售净利率从最开始的营业收入直至最后的净利润，涉及到产品的销售收入以及最后的获利情况，跟整个公司的产品利润率有关。另外，我们平时不仅要分析产品的销售收入、营业成本和费用等一系列产品盈亏情况财务指标，还要分析一些非财务的指标，例如产品供需分析、市场营销分析、客户分析等。我们要提高销售净利率，就要把产品做到极致，努力提高产品价值，降低产品成本，使产品受到客户欢迎，卖得出去，净利润又高，实现高值高价。

总资产周转率是公司的营运能力比率，联系了资产负债表的总资产以及利润表的销售收入，涉及到所有资产的周转快慢问题，包括流动资产和非流动资产。通过分析各项资产的周转率，我们可以发现各项资产存在的问题。我们把这些问题一一解决，各个攻破，便能使整个公司的各项资产营运起来，使总资产周转率得到提高。总资产周转率得到提高的好处是降低了资产的储存量，不会造成资产积压。例如，存货储存较少，万一市场行情不好才不会造成积压。但是，总资产周转率也不能无限制提高，否则，周转率太高，意味着手中的资产存量太少，有时会短缺。例如，存货储存太少，万一客户突然要买较多的货，就供应不上了。

权益乘数是公司的长期偿债能力比率，主要跟资产负债表的负债和所有者权益的资本结构有关，是公司的财务杠杆。提高权益乘数，就是增加负债，增加公司财务杠杆，公司的财务风险也会相应增加。提高权益乘数的好处是如果公司经营稳定，可以产生足够的现金流偿还债务利息，我们就可以借入资金成本较低的负债来补充资金，为公司资产的经营提供"便宜"的资金支持。但如果公司负债太高，会显得比较激进。我们本章第一节也讲了，公司财务杠杆产生的财务风险和经营风险反向搭配。因此，我们也不能一味提高公司财务杠杆，要看公司处于什么发展阶段，是否有足够的利息保障倍数，以此来决定公司可以承担的负债水平。

有了杜邦分析体系，我们就可以从投资者最关心的自有资金投资回报率即权益净利率这一总体指标出发，分解成三个统筹指标，并进而继续逐层展开分析，直至分析到最基层的财务数据。杜邦分析体系有助于公司将提高权益净利率的总目标逐层分解下达，将工作内容及责任分配落实到最基层员工，让全公司的员工都清楚自己应该做好什么，使整个公司都朝着同一目标即提高权益净利率这一指标前进，让管理者充分利用好投资者投入的有限资金，为投资者创造更大的价值，增加股东财富。

第三节　管理用财务报表

我们在第二章已经介绍了公司财务报告的四张财务报表。这四张财务报表的格式和内容是财政部规定的，是一般企业通用的对外发布的财务报表格式。这套统一格式的财务报表设计的目的是为了方便投资者了解、对比和分析各家公司的财务情况。

但是，我们在做企业管理的时候，会对这套通用财务报表的格式进行一个简单的变形。本节我们主要针对资产负债表、利润表和现金流量表三张财务报表格式做一点小小的移动和拼接，使之按我们日常管理的需求进行归类。

但这一章仅限于带大家了解一下如何玩转财务报表，将财务报表进行变形，让大家看完后对财务报表以及公司的财务管理有一个更深刻的认识和理解。当然，目前我们看到企业发布的财务报告中的财务报表格式都是正常的财政部规定的通用报表的格式。

我们管理用财务报表变形的思路是，将各张通用财务报表区分为经营活动和金融活动两大类。具体来讲：将资产负债表的资产区分为经营资产和金融资产，将负债区分为经营负债和金融负债，所有者权益不变；将利润表的利润区分为经营利润和金融利润；将现金流量表区分为经营活动现金流量和金融活动现金流量。

那什么是管理用财务报表的经营活动和金融活动？

我们在讲现金流量表时讲过，公司的活动分为经营活动、投资活动和筹资活动。这种区分方式是通用财务报表现金流量表的区分方式。其中，经营活动都与产品经营业务市场相关，筹资活动都与资本市场相关。而投资活动，既有与产品市场相关的，如对子公司的长期股权投资，也有与资本市场相关的，如多余闲钱购买金融理财产品的投资。

我们管理用财务报表只区分经营活动和金融活动两类活动。经营活动均与产品市场相关，包括通用现金流量表中的经营活动和投资活动中的对子公司的长期股权投资。金融活动均与资本市场相关，包括通用现金流量表中的筹资活动和投资活动中的多余闲钱购买金融理财产品的投资。

这样我们可以发现，我们管理用财务报表的区分方式，就是将通用财务报表的投资活动拆分到经营活动和金融活动中，将三类简化为两类。这是因为，我们投资收购一家公司，是为了把这家公司变为自己的子公司来经营业务，所以可以归到经营活动；我们用闲钱理财投资，只是做一些金融产品类的投资，所以将之归到金融活动。

有了管理用财务报表区分经营项目和金融项目的理念后，我们后面就比较好理解了。下面我们按顺序介绍三张管理用财务报表。

一、管理用资产负债表

我们通用资产负债表的格式为资产 = 负债 + 所有者权益。我们可以按经营活动和金融活动区分为：

左边：经营资产　　　　右边：金融负债

金融资产　　　　　　　　经营负债

所有者权益

我们将金融资产右移，将经营负债左移，可以变成：

左边：经营资产　　　右边：金融负债

　　减：经营负债　　　　减：金融资产

总计：净经营资产　　小计：净金融负债

所有者权益

这样，我们可以得到管理用资产负债表的等式：净经营资产 = 净金融负债 + 所有者权益。

我们再将左边的经营资产和经营负债区分为流动和非流动，即将净经营资产拆分为流动的经营营运资本和非流动的净经营性长期资产，可以变成：

左边：经营流动资产　　　右边：金融负债

　　减：经营流动负债　　　　减：金融资产

小计：经营营运资本　　小计：净金融负债

　　经营性长期资产

　　减：经营性长期负债　　　　所有者权益

小计：净经营性长期资产

总计：净经营资产

至此，我们已将通用财务报表变形为管理用财务报表，区分了经营性资产负债和金融性资产负债，并进一步将资产区分为流动和非流动，所有者权益不变，这样归类完更有利于进行财务管理和分析。

二、管理用利润表

我们管理用利润表也是在通用利润表的基础上，稍加移动整理，区分出经营利润和金融利润。

通用利润表格式如下：

营业收入－营业成本＋公允价值变动损益（闲钱投资未卖掉时市价的变化）＋投资收益（含子公司长期股权投资分红和卖掉时的收益，以及闲钱投资分红和卖掉时的收益）－利息费用－其他经营费用－所得税（含经营和金融两类活动创造的利润交的所得税合计）＝净利润

我们可以发现，公允价值变动损益、闲钱投资分红和卖掉时的投资收益以及利息费用属于金融活动，其他属于经营活动，因此可以进行以下变形。

税后经营净利润＝营业收入－营业成本＋投资收益（子公司长期股权投资分红和卖掉时的收益）－其他经营费用－经营活动所得税

税后金融净利润＝公允价值变动损益（闲钱投资未卖掉时市价的变化）＋投资收益（闲钱投资分红和卖掉时的收益）－利息费用－金融活动所得税

两者相加就是原来的净利润合计数不变。

因此我们有一个管理用利润表的公式：税后经营净利润＋税后金融净利润＝净利润。

公式里的税后金融净利润，一般利息费用是大头，算出来税后金融净利润一般是负数。我们可以说税后金融净利润主要是税后利息费用，所以我们就将税后金融净利润里各项目合计统称为税后利息费用。因此，管理用利润表的公式可以再变形为：税后经营净利润－税后利息费用＝净利润。

三、管理用现金流量表

我们开始时已经讲过，通用的现金流量表格式区分了经营活动、投资活动和筹资活动三种类型的现金流入流出。我们管理用现金流量表则只区分了经营活动现金流量和金融活动现金流量。

为了与管理用资产负债表的净经营资产、净金融负债和所有者权益相对应，管理用现金流量表依次分为与净经营资产对应的经营现金流量、与净金融负债对

应的债务现金流量和与所有者权益对应的股权现金流量。因为经营现金流量与整个公司这个实体的业务经营有关，因此经营现金流量又叫实体现金流量。于是我们有一个管理用现金流量表的公式：

经营（实体）现金流量＝债务现金流量＋股权现金流量

这个公式很好理解，既然公司的资产投入是债权人和股东出的钱，那么经营赚到钱产生的现金流量也应相应归属于债权人和股东。

公式继续变形，经营（实体）、债务和股权产生的现金流量应分别等于各自赚到的利润减去各自继续增加的投入，具体来讲：

经营（实体）现金流量＝税后经营净利润－净经营资产的增加（经营资产投入）

债务现金流量＝税后利息费用－净债务增加（新借减去偿还）

股权现金流量＝税后分红的股利－股本的增加（股票发行减去回购）

通过这三个公式，可以发现，最左列三个是管理用现金流量表中的内容，中间列三个是管理用利润表中的内容，最右列三个是管理用资产负债表中的内容。这样一来，这三个公式正好把三张管理用财务报表联系起来，是管理用三张报表的大综合，分别是以下三个核心公式的大综合：

管理用现金流量表：经营（实体）现金流量＝债务现金流量＋股权现金流量。

管理用利润表：税后经营净利润－税后利息费用＝净利润（提示：净利润即最后为股东赚的钱，也就是税后分红的股利）。

管理用资产负债表：净经营资产＝净金融负债＋所有者权益（提示：既然三者有这个等式，那么三者的增加额也同样相等，即净经营资产的增加＝净金融负债的增加＋所有者权益的增加，股本是所有者权益中的项目）。

至此，我们已简要讲解了管理用资产负债表、利润表和现金流量表的结构，希望本节对通用财务报表的玩转可以让大家对通用财务报表的格式有更深刻的认识和理解。

本章小结

本章主要从管理的角度来分析财务报表，对财务能力的要求进一步提高。作为公司财务或公司老板，要有一双发现数据之间逻辑不符的慧眼，才能管理好公司。而这有赖于对财务报表的深刻理解与运用。公司日常经营过程中，我们可以通过对杜邦财务分析体系的层层分解，以及将通用财务报表玩转成管理用财务报表，发现公司管理漏洞。

会计部分小结

至此，我们的会计部分就全部讲解完毕。会计部分共分三章，层层递进，简要向大家介绍公司经营必备的最相关最主要的财务知识，从企业的基本知识开始，到最核心的看懂四张财务报表，再到玩转财务报表进行财务管理，不断拔高层次，让大家在极短的时间内全面、系统地了解公司财务会计与财务管理。

会计与税法不分家，两者均是财务的重要组成部分。依法合规经营，依法依规缴纳税款，是我们每个人应尽的义务。依法守法要先知法懂法，所以我们特别安排了税法部分，给大家普及税法常识。

税法部分共三章。第四章先向大家介绍税法是什么、税收的作用以及税收的基本征税原理。接下来两章向大家介绍各税种。其中，第五章主要介绍我国最重要的增值税和所得税，所得税包括企业所得税和个人所得税。这是与我们创业和经营息息相关的三大税种。因为我们经营公司，无论什么行业几乎都涉及增值税，赚到钱后公司要交企业所得税，公司分红时个人还要交个人所得税。我们不仅要知道这三类税种是什么，还要知道基本的计算税款的原理。第六章分五类向大家介绍我国除增值税、所得税外的其他税种。这些大家先整体了解一遍即可，等从事相关行业有遇到时再仔细咨询各位的财务部。

这里我要反复提醒大家的是，我们只是做税法的普及，没有深入细节面面俱到。税法俗称碎法，因为税收政策是非常细碎的。如果我们没有了解全面，只知道一部分，是不能够胜任税务管理工作的。所以各位企业老板不能只看了本书的普及，懂了整体，就觉得税法是这样子了。大家在经营过程中，还是需要让财务部仔细研读税法，在全面系统了解的基础上再做出决策，这样才能做到依法合规，避免税务风险。否则，如果大家只是一知半解，没搞清楚就做事情，就很有可能违反税收相关法律法规。作为企业老板，大家要做的就是阅读本书的税法普及知识，掌握其原理，平时把握好就行，细节交给专业财务人员去打理。企业老板了解税法基本知识后，与财务人员沟通起来也会比较得心应手。

总之提醒大家一句话：税法普及帮助大，掌握原理知大局，遇事咨询财务部，全面系统研究透，切莫半解做决策。

第四章　税法概述

　　各位老板经营企业，不可避免会和税打交道。但各位老板对税可能不是很了解。其实税有专门的税法。税法规定了我们国家征收哪些税种，税基、税率分别是多少。在本章中，我们抓住重点，话不多说，带大家从整体上简要了解一下税法是什么，税收有什么作用，税是怎么征收的。

税收的作用及征税原理

一、税收的作用

　　世界上各个国家都有自己的税收体系。税，取之于民用之于民。国家为公民提供公众服务，需要资金，作为公民，有义务为自己祖国的建设和发展贡献自己的力量。国家依法治国，制定了一些税收法律，出台了一些税收法规政策，规定了在本国要征什么税，税基和税率是多少，并设立税务机关为国聚财，为民收税。

　　国家通过税收，平衡国库收支，造福于民，刺激经济的发展。如果没有税收，国库资金就会紧张甚至亏空，国家也就不能为我们提供很好的公众服务，例如优美的城市规划和建设、便利的铁路等公共交通，以及良好的经济发展环境等。这就是税收的作用。

二、征税原理

我国各税种的基本征税原理是：税基×税率=税额。税基就是计税的基础，即税收所依据的金额基数。例如企业所得税这一税种，假设一年税前利润 100 万元，一般税率是 25%，两者相乘得出交 25 万元税。这里的税基就是 100 万元，税率就是 25%，最后算出的企业所得税税额就是 25 万元。

国家对税收的调整，也是通过调整税种及其细分税目、税基、税率和税额这四个方面，来达到刺激经济发展的目的。

（1）对税种及其细分税目的调整，就是增加或减少税种税目。例如，国家为了鼓励大家保护环境，近年开征了环境保护税这一新的税种，对水、大气、固体废物和工业噪声等污染物的排放收税。这样一来，公司就要掂量一下，还要不要排放污染物，继续排就要交税。另外，即使交税，也不能免除公司破坏环境所要承担的法律责任。

（2）对税基的调整，就是增加或减少税收所依据的金额基数。例如企业所得税税前利润 100 万元，如果符合小微企业标准，税法规定，打 2.5 折，税基给你按 25 万元算就好了！这样乘出来，税额自然也就少了。

（3）对税率的调整，就是提高或降低税率。例如近年来，为了带动企业的发展，国家出台了一系列减税降费的措施，货物的增值税率一路从 17% 降到 16% 又降到 13%。

国家对税率的调整，就像对借贷利率的调整一样。

利率低，货币流动性就好，经济就利好，但太低容易引发通货膨胀。利率升高，市场的流动性较差，有利于抑制通货膨胀，但利率太高市场低迷，经济发展不起来，不利于经济的发展。

同理，某个行业税率较低，税收较轻，从事的人就比较多，该行业就能发展得更快；税率较高，税收较重，从事的人就比较少，该行业就发展得较慢。

（4）对税额的调整，就是直接减或免最终算出来的税额。例如，像刚才那个例子，公司赚100万元，按25%税率本来要交25万元企业所得税，但公司今年花200万元买了节能节水的环保专用设备，很有环保意识。税法规定，公司买环保设备的钱，在交所得税时，直接可以减免200万元投资额的10%即20万元，所以公司现在只需交5万元所得税就行了。

当然，有时国家出台的税收优惠政策不是单单对某一方面进行调整，也可以是组合拳，同时对这四个方面的其中某几个方面一起调整。例如，2019年小微企业所得税优惠政策，就是同时对税基和税率进行调整。政策规定，大幅放宽可享受企业所得税优惠的小型微利企业标准，同时加大所得税优惠力度，对小型微利企业年度税前利润不超过100万元以及100万～300万元的部分，分别减按25%、50%计入税基，税率均从25%减为20%。

按这个政策，如果公司符合小微企业标准，税前利润100万元，原本得交100万元×25%＝25万元，现在交（100万元×25%）×20%＝5万元就行。

而如果公司税前利润200万元，原本得交200万元×25%＝50万元，现在是100万元的部分交5万元，剩下的100万元，属于100万元到300万元部分，交（100万元×50%）×20%＝10万元，合计交15万元就可以了。

小微企业政策我们下一章讲到企业所得税时还会再提。

本章小结

本章先带大家了解一下税法的基本概念。税收取之于民，用之于民。各税种征税原理主要是通过税基×税率得出税额。每种税的税收政策也是围绕这三点来展开的。接下来两章，我们带大家将所有税种一一了解一遍。

第五章　增值税、所得税征税原理

　　我国税收有很多税种。我们根据这些税种的普遍性以及跟各位企业老板的关系大小，分主要税种和其他税种进行讲解。我们认为，跟各位老板关系比较大的税种有增值税、企业所得税和个人所得税，而其他税种都是相对来讲关系比较小的。请注意，我们这里只是让各位老板从整体的角度简要了解一下各种税是怎么算出来的，只是一个最基本的原理。不过各位老板掌握这个原理已经足够了。至于一些更细的规定，以及一些税收优惠政策，各位老板完全可以咨询你们的财务部或者事务所，没有必要自己研究。另外，我们是站在公司制企业的角度来讲原理的，至于其他类型，征收原理有一些调整和变化，各位老板也完全可以咨询你们的财务部。最后提醒一点，税收政策是一直在变的。我们第四章讲了，税收是调节经济的，经济环境在变，税收政策也经常在变。但是，万变不离其宗，税收政策的变化无非是对税种及其税目、税基、税率和税额进行一些调整。因此，税收政策的变化也请咨询你们的财务部。

　　在掌握各税种的计算原理时，各位老板请注意，一种税是一种税，不同的税有不同的计算方法，不要把各种税混淆在一起。另外，还请老板们注意，了解税法，我们经常会讲到含税金额、不含税金额、税前金额、税后金额。含税金额和税前金额意思一样，不含税金额和税后金额意思一样。

　　本章共三节，是税法部分的核心，主要向大家介绍跟大家关系最大的三个税种：增值税、企业所得税和个人所得税。这是因为我们经营公司，卖东西有利润有增值，就要交增值税。交完增值税最后赚的钱，我们要交企业所得税。因为公司是独立法人，公司向股东分红时，股东还要交个人所得税。所以，这三个税种大家要认真理解学习，不仅要知道三个税种各是什么，还要知道基本计算原理。

我们反复强调这句话：税法普及帮助大，掌握原理知大局，遇事咨询财务部，全面系统研究透，切莫半解做决策。

第一节　增值税

增值税是我国最大的税种。增值，就是增加价值。增值税就是商品交易中如果有增加价值就要交税，其实就是赚钱就要交税的意思。几乎所有的商业交易都涉及增值税，只要有利润，就要交增值税。

一、增值税征税对象及税率

增值税的征税对象主要是以下五类：货物、劳务、服务、无形资产和不动产。进口和内贸都要交，出口不用。

货物就是有形商品，还包括电力、热力、气体。

劳务专指加工、修理修配劳务。

服务就是所有的服务行业，包括交通运输服务、邮政服务、电信服务、建筑服务、金融服务、现代服务、生活服务。

无形资产包括技术、商标等。

不动产大家都知道，就是房屋和其他建筑物。

不同的类别有不同的增值税税率，并不是一刀切的。2019 年 4 月 1 日起，我国一般纳税人的现行增值税税率为：

13%：大部分货物和全部劳务；有形动产租赁服务。

9%：粮食、农机、水、气、图书杂志等；交通运输服务、邮政服务、基础电信服务、建筑服务、不动产租赁和销售、转让土地使用权。

6%：增值电信服务、金融服务、现代服务（租赁服务除外）、生活服务、销售无形资产（土地使用权9%除外）。

0%：出口相关。

小规模纳税人的征收率大体上是一刀切的，一般是3%。但也有5%的，例如不动产销售和出租非住房等。

请注意：对一般纳税人来说，税法上叫税率，对小规模纳税人来说，税法上叫征收率，实质都是一个交税的比率。

我们经常听到一个词，叫营改增。这是说以前服务行业是征收营业税的，后来改征增值税了，税率有9%的，也有6%的。

那什么是一般纳税人，什么是小规模纳税人？增值税相关税收政策[①]规定：自2018年5月1日起，"增值税小规模纳税人标准为年应征增值税销售额500万元及以下"。也就是说，以不含增值税年销售额500万元这条线作为区分标准。

二、增值税计算方法

（一）进销项常规计算方法

那什么是含增值税和不含增值税？下面用例子带大家简要了解一下增值税是怎么算出来的。请注意，一般纳税人和小规模纳税人的算法不一样。

例5-1 假设我们是一般纳税人，按月交增值税。我们支付226万元进了一批货物，卖掉收到339万元的款项，这样毛利是113万元。我们知道，所有贸

[①] 《财政部 税务总局关于统一增值税小规模纳税人标准的通知》（财税〔2018〕33号）。

易，只要有利润，都要交增值税，所以我们这113万元就要交增值税。113万元是含税金额，货物增值税率是13%，我们便将113万元拆分为不含税金额100万元和税额13万元，向税务机关交13万元增值税，我们实际赚100万元。

但是，如果我们卖时只收200万元，卖亏了，就不用交增值税，而且这个亏损金额可以抵别的商品赚的钱，每月各产品盈亏互抵后剩余有利润再来交增值税。如果我们本月各商品加在一起还是亏损，那么可以抵下个月的盈利。如果持续亏损，那我们就都不用交，留着直到某个月抵完这些累计亏损后还有盈利再交税。这体现了增值税这三个字的含义，即有增值再交税。

但是，税务局很难知道你每月盈亏多少钱。为了好管理，税务局就规定，我们要开发票，以发票来看进了多少钱，销了多少钱。另外，有些货物刚进货，也不是在本月立即销售，有时甚至滞销，所以税务局就觉得这样很不好算一家公司到底哪些货卖了，哪些货没卖，到底最后是盈还是亏，盈亏多少钱。于是税务局就想出了一个办法，我们不管货物什么时候卖，每个月进了多少货，就算一个进项增值税，卖了多少货，就算一个销项增值税。本月如果销项税大于进项税，就是本月卖的比进的多，就是本月要交的增值税，如果进项税大于销项税，那么本月就不用交了，进项大于销项的部分可以留下个月或以后抵用（专业术语叫进项留抵），一直到某月的销项抵完之前月份累计留抵的进项后，仍然还有销项时再交。

例5-2 还是刚才那个例子，我们假设支付226万元进了一批货物，卖掉收到339万元的款项。因为这些金额是含税的金额，所以我们要进行价和税的分离，税率都是13%。我们进货含税价226万元中，不含税金额200万元，进项税26万元，销售含税价339万元中，不含税金额300万元，销项税39万元。如果本月只有这笔业务，且之前月份没有多余进项留抵，那么我们就能算出本月交税13万元（销项税39万元－进项税26万元），跟刚才上面算出来的结果是一样的。

这里提醒大家结合利润表的营业收入和营业成本。我们很多没学过税法的人一直认为，我们支付 226 万元进货，卖了 339 万元，我们利润表的营业收入就是339 万元，营业成本就是 226 万元。其实不然，因为这些价格都是含增值税的，我们的营业收入和营业成本都应该是不含增值税的。所以利润表营业收入是 300万元，营业成本是 200 万元，利润是 100 万元。这就引出了价外税的概念。增值税是价外税，是价格外的，不能算进营业收入和营业成本。另外，也有一些税是价内税，我们后续会讲到。价内税就是要算到利润表里的，是从价格内去扣的。

单独算进项税和销项税后，税务局就好管理了。对我们来说，增值税这样的算法还有一点好处是，可以暂时节约我们的现金流。我们进货的进项税不用等到这批货卖出去的时候才去抵销项税，本月就可以抵别的货的销项。例如本月我们支付 226 万元进货卖了 339 万元，我们刚才算了本来要交 13 万元增值税，但是我们本月假设还花了 565 万元进了另一批货，还没卖出去。我们知道，这 565 万元价税分离后，不含税 500 万元，进项税 65 万元。如果没有按进销算，而是按每批商品卖时就交税算，我们本月就要先交卖掉那批货的 13 万元税。按所有进销分两条线算，销项税 39 万元，进项税 91 万元（26 万元 +65 万元），那么本月就不用交税了，还留抵 52 万元（91 万元 – 39 万元或 65 万元 – 13 万元）。这种算法节约了我们纳税人的资金。另外，这不含税的 500 万元先记在资产负债表的库存商品，等卖掉再转入利润表的营业成本。

我们刚才讲过，各行各业都涉及增值税，税率也分好几档，所以我们不仅购买货物有进项，我们购买劳务、服务也有进项。例如我们这批货花了 10.9 万元运输费用，运输服务的增值税税率是 9%，因此我们真正记在利润表的费用是 10万元，进项税有 0.9 万元可以去抵销项。这样一来，我们支付 226 万元进了一批货物，卖掉收到 339 万元的款项，本来要交 13 万元增值税，现在又有 0.9 万元进项可以抵扣，只要交 12.1 万元就行。

小规模纳税人因为规模比较小，使用的是简易计税办法，无论货物、劳务还是服务，都不抵进项，也无论盈亏，直接按销项3%交税就行。

例如，假设我们是小规模纳税人，支付226万元进了一批货物，卖掉收到309万元的款项。因为这309万元是含税金额，税率3%，我们拆分为不含税金额300万元和税额9万元。我们采取简易计税办法，无论盈亏，也不抵采购进项，直接向税务机关交9万元增值税。

可能大家会有疑问，为什么小规模纳税人不能抵进项。大家仔细对比一下税率就知道了，小规模纳税人已经按3%交税了，比一般纳税人的13%整整低了10个百分点，再抵进项就没多少税了。

增值税发票管理方面，增值税发票分增值税专用发票和增值税普通发票。对于一般纳税人来讲，企业采购商品时，只有取得增值税专用发票，并在税务系统进行进项认证，才能计算进项税去抵销项税。否则，如果只取得增值税普通发票，税务局就不认这个进项税，就会导致这个进项税不能抵销项税，要多交税。这就是为什么大企业都要求开增值税专用发票的原因。

另外，对于一般纳税人，站在销售方的角度，如果我们卖的货因为一些质量问题等发生销售退回或销售折让，那我们就要开销项负数发票红冲，相应地，销项税额就没有那么多。站在采购方的角度，如果我们采购的货因为一些质量问题等要退给厂家或让厂家给折让，厂家就要开销项负数发票给我们，我们的进项也要相应转出，可抵扣的进项税额也就没有那么多了。

对于小规模纳税人，因为不能抵进项，我们不用管采购这边，如果销售这边发生退回，也应相应红冲销售发票，直接按3%算出来的应交税额也就变少了。

这样，我们可以得到一般纳税人本月应交多少增值税的基本公式：

本月应交增值税 =（销项税额 − 销项税额红字）−（进项税额 − 进项税额红字转出）− 截至上期留抵税额

截至上期留抵税额就是我们开头讲的以前期间累计至上期的进项大于销项的留抵税额。

（二）城建税和增值税附加

接下来我们讲讲城建税和增值税附加。如果我们本月算出来要交增值税，那么还需要交城建税和增值税附加，包括：

城市维护建设税 = 增值税 × 7%（市区 7%；县城、镇 5%；不在市区、县城和镇的 1%）

地方教育费 = 增值税 × 3%

地方教育附加 = 增值税 × 2%

我们可以看出，地方教育费和地方教育附加都是费，不是税。这三个记在利润表的税金及附加这个科目，无价内价外之说。

提醒大家注意，有个例外，进口环节海关代征的增值税不用交城建税和增值税附加。

（三）增值税链条

经过了上面的计算分析，我们应该可以看出增值税征收的一个链条。掌握了这个链条，就差不多掌握了增值税的征收原理，万变不离其宗。

其实这个链条也很简单，以农产品为例，如下：

初级农产品种植者 A—收购商 B—加工商 C—产成品批发商 D—产成品零售商 E—最终消费者 F

税法规定，种植者 A 农民的销项可以免税。收购商 B，税法规定，虽然种植者 A 免税了，但收购商 B 可以按收购价计算进项税去抵 B 后面卖时的销项税。这样，从 B 到 E 每个人都有进项和销项，B 的销项是 C 的进项，C 的销项是 D 的进项，D 的销项是 E 的进项，且每个人都要赚钱，每个环节都是加了价增了值的，所以每个人销项都大于进项，这个产品的价值也越来越高。最后，E 的销项成了最终消费者 F 的进项，F 吃掉这个好吃的东西，例如初级农产品大米做成的萨其马后，就再也没有销项了，所以就不用再交税了，增值税链条到此结束。值得注意的是，最终消费者 F 买萨其马花的钱中，有一部分就是 E 的销项税。也就是说，这 E 的销项，即 F 的进项，由最终消费者 F 承担了。

从税务局的角度看，给初级农产品种植者 A 免税后，又让 B 可以抵进项，B 的销项交上来后又给 C 抵了进项，C 的销项交上来后又给 D 抵了进项，D 的销项交上来后又给 E 抵了进项，直到 E 卖给最终消费者 F，才最后从 E 交的税中拿到了销项，再也不用给下家抵进项了。

我们可以发现，E 是最后一个增值税纳税人，而 E 交的增值税，是最终消费者 F 付给 E 的。

别小看这样一条简单的增值税链条。有时候，实务中有各种各样的情况发生。由于一些原因，增值税链条会在到达最终消费者之前中途断裂，这样我们就要给它补上使之不断裂。比如下面要介绍的视同销售和不得抵扣进项。

（四）增值税视同销售

视同销售，就是说如果我们不是正常卖一件商品，而是通过其他形式转移商品，如果符合税法规定的一些方式，就要当作销售商品一样算销项税，不能逃避销项税。

视同销售一般发生在增值税链条中间环节。如果没有视同销售算销项税，下家也没有进项，增值税链条就断裂了。

《增值税暂行条例实施细则》① 第四条规定："单位或者个体工商户的下列行为，视同销售货物：

（一）将货物交付其他单位或者个人代销；

（二）销售代销货物；

（三）设有两个以上机构并实行统一核算的纳税人，将货物从一个机构移送其他机构用于销售，但相关机构设在同一县（市）的除外；

---

① 《中华人民共和国增值税暂行条例实施细则》（2011 年 10 月 28 日中华人民共和国财政部令第 65 号第二次修改并发布，本书简称《增值税暂行条例实施细则》）。

> （四）将自产或者委托加工的货物用于非增值税应税项目；
>
> （五）将自产、委托加工的货物用于集体福利或者个人消费；
>
> （六）将自产、委托加工或者购进的货物作为投资，提供给其他单位或者个体工商户；
>
> （七）将自产、委托加工或者购进的货物分配给股东或者投资者；
>
> （八）将自产、委托加工或者购进的货物无偿赠送其他单位或者个人。"

以上第（一）、（二）点是代销商品，第（三）点是因为不同地区税务机关管理需要，要视同销售计提销项税。这三点使增值税链条没有断裂，都是一方的销项变成另一方的进项。

第（四）、（五）点大家理解成增值税链条的最末端，也就是 E 到最终消费者 F 这个环节，但 E 并不是正常通过买卖的形式销售的。第（四）点 E 将货物用于非增值税应税项目，就是说这个东西被转到了不用交增值税的项目去了，也就离开链条，相当于被消费了，到 F 了。第（五）点 E 将货物用于集体福利或者个人消费，例如，公司是薯片制造商，公司生产的薯片有一些是打算当作零食给员工大家一起吃的，也就是说这个东西不是要卖出去的，是被消费掉了，那也就相当于给了最终消费者 F。相当于 E 卖给 F，E 是最后一个增值税纳税人，就要视同销售算销项税。

第（六）~（八）点主要是说商品的所有权转移了，但不是通过正常买卖的形式转移的，而是作为投资、分配或无偿赠送等形式。这里有两种情况：

如果下家拿着我们投资、分配或无偿赠送的货物去正常卖，那么我们就相当于 D，下家就相当于 E，E 去卖给 F。为了保持 D–E–F 这一完整的增值税链条，D 要视同销售，计提销项税，E 才有进项税，否则 D 不视同销售的话，这个链条就断了。

如果下家拿着我们投资、分配或无偿赠送的货物直接消费掉，那么我们就相当于 E，下家就相当于最终消费者 F。我们知道，E－F 这一链条末端，E 是最后一个增值税纳税人，要算销项税的，否则，这个链条也不完整。

所以无论怎么说，只要不是最终消费者 F，产品有在流转，都要视同销售。

《营业税改征增值税试点实施办法》① 第十四条规定："下列情形视同销售服务、无形资产或者不动产：

（一）单位或者个体工商户向其他单位或者个人无偿提供服务，但用于公益事业或者以社会公众为对象的除外。

（二）单位或者个人向其他单位或者个人无偿转让无形资产或者不动产，但用于公益事业或者以社会公众为对象的除外。

（三）财政部和国家税务总局规定的其他情形。"

从以上这些条例可以看出，为了保证增值税链条的完整，除了货物外，服务、无形资产或者不动产也要保证。营改增的这条规定就是把服务、无形资产或者不动产也补充进来。

那么增值税视同销售，要用什么价格呢？一般是按同类平均价计税。例如，我们赠送别人一批货物，要视同销售给别人，这批货物同类平均价是 113 万元，我们按货物 13% 价税分离，分为销售收入 100 万元和销项税 13 万元。销项税减去这批货物的进项税，例如 10 万元，最后交 3 万元增值税。

（五）不得抵扣进项

不得抵扣进项是说，税法上认为，有些东西，公司采购进来就是用于消费的，不是继续卖给下家的。公司是最终消费者，到公司这边没有销项了，所以进项也不能抵扣。这在增值税链条上，公司属于最终消费者 F。

大体上有以下几种情况：

---

① 《财政部　国家税务总局关于全面推开营业税改征增值税试点的通知》（财税〔2016〕36 号）附件 1《营业税改征增值税试点实施办法》。

《营业税改征增值税试点实施办法》第二十七条规定："下列项目的进项税额不得从销项税额中抵扣：

（一）用于简易计税方法计税项目、免征增值税项目、集体福利或者个人消费的购进货物、加工修理修配劳务、服务、无形资产和不动产。其中涉及的固定资产、无形资产、不动产，仅指专用于上述项目的固定资产、无形资产（不包括其他权益性无形资产）、不动产。

纳税人的交际应酬消费属于个人消费。

（二）非正常损失的购进货物，以及相关的加工修理修配劳务和交通运输服务。

（三）非正常损失的在产品、产成品所耗用的购进货物（不包括固定资产）、加工修理修配劳务和交通运输服务。

（四）非正常损失的不动产，以及该不动产所耗用的购进货物、设计服务和建筑服务。

（五）非正常损失的不动产在建工程所耗用的购进货物、设计服务和建筑服务。

纳税人新建、改建、扩建、修缮、装饰不动产，均属于不动产在建工程。

（六）购进的旅客运输服务、贷款服务、餐饮服务、居民日常服务和娱乐服务。

（七）财政部和国家税务总局规定的其他情形。"

细心的读者会发现，货物视同销售中的第（四）、（五）点，没有购进的货物。没错，以上第（一）点正好补充说明了，购进的货物如果用于简易计税项目、非增值税应税项目、集体福利或个人消费，自己就是最终消费者F了，没有销项了，自然也就没有视同销售的说法了。没有销项，自然也不能抵扣进项。

第（二）~（五）点都是说非正常损失。什么是非正常损失？

> 《营业税改征增值税试点实施办法》第二十八条规定："非正常损失，是指因管理不善造成货物被盗、丢失、霉烂变质，以及因违反法律法规造成货物或者不动产被依法没收、销毁、拆除的情形。"

这怎么理解呢？我们货物采购进来本来是要卖的，税法本来也按销项减进项后交税。但我们自己因管理不善等导致货物损坏了，卖不了了，就没有销项了，自然不能抵进项了。如果进项可以抵，我们进项就多出来卖不了那批货的进项，拿去抵其他货物的销项了。其他货物也有自己的进项，这样我们就多抵了，少交增值税了，这是税法不允许的。

第（六）点的旅客运输服务从 2019 年 4 月 1 日起，符合一定条件的可以抵扣进项了。其他项目主要是因为类似个人消费，即最终消费者 F，所以不能抵扣进项。

（六）混合销售和兼营

混合销售和兼营解决这样一个问题：我们想象一下，我们是卖东西的经销商，但我们又卖东西又帮客户提供一些附加服务。我们知道，货物增值税率是 13%，服务增值税率是 6%。那我们提供附加服务收的钱是按 13% 交，还是按 6% 交？

税法规定，如果是为同一个客户提供附加服务的，因为我们主营业务是卖东西，就要全部按 13% 交税。这就是混合销售，即按主营业务的税率征收。

如果我们不是为同一客户提供附加服务，卖东西和提供附加服务就没有关联性。例如我们有卖东西，但别人也可以拿他（她）从别家买的东西到我们店让我们提供附加服务。这种不是既卖东西又帮同一买家提供附加服务，任何人都可以来我们这边做的情况，就是经营两项业务，就是兼营了。这两项没有关联的业务收的钱，就要分开进行会计核算和交税，货物按 13%，附加服务按 6%。

所以混合销售和兼营的区别，就在于对象是否是同一客户，是否有关联性。两者在税法上的文字是这样说的：

> 《营业税改征增值税试点实施办法》第四十条规定："一项销售行为如果既涉及服务又涉及货物，为混合销售。从事货物的生产、批发或者零售的单位和个体工商户的混合销售行为，按照销售货物缴纳增值税；其他单位和个体工商户的混合销售行为，按照销售服务缴纳增值税。"
>
> 《营业税改征增值税试点实施办法》第三十九条规定："纳税人兼营销售货物、劳务、服务、无形资产或者不动产，适用不同税率或者征收率的，应当分别核算适用不同税率或者征收率的销售额；未分别核算的，从高适用税率。"

（七）出口退税

我们最开始讲增值税各行业税率的时候讲到，如果货物用于出口，那么适用零税率。零税率是说，整条增值税链条上的进销都是零。那个做最终出口的公司，首先要采购到货物，然后把货物出口。公司出口销项税率是 0%，但采购货物的时候有进项税，而且这个进项税已经把货物从生产开始到这家公司采购进来整个链条的进项都累积了。因此，税务局只要将进项退给做出口的公司，就把整个链条的增值税进项都给退了，保证了整个增值税链条的进销项都是零。

当然，退的时候，有的货物不是 13% 全退。另外，贸易企业是直接退，生产企业可以先抵内贸的销项，抵完还有剩再退。这些具体政策细节，各位老板遇到时再请咨询财务人员。

三、增值税征收管理主要规定

对于正常持续经营的公司而言，增值税一般是每月 15 日前缴清上个月应该缴纳的增值税。如果有总分机构的，一般情况下，总机构和分支机构不在同一县（市）的，应当分别向各自所在地的主管税务机关申报纳税。

接下来看增值税纳税义务发生时间。增值税纳税义务发生时间指我们卖一样东西，什么时点会产生增值税纳税的义务，比如是开票日期、收款日期还是出库日期，等等。但是，产生增值税不一定当天就要缴清。例如，我们家里的物业水电费，每月系统就会自动根据物业面积、电表和水表等产生费用，并发通知给我们。但是，我们不必当天就交，如我们自己安排 30 日内交完即可。所以，我们刚才说的每月 15 日前交上个月应该缴纳的增值税，就是指纳税义务发生时间在上个月的，统统在本月 15 日前缴清处理完就行。

> 《增值税暂行条例》① 第十九条对货物和劳务的增值税纳税义务发生时间作出具体规定："增值税纳税义务发生时间：
>
> （一）发生应税销售行为，为收讫销售款项或者取得索取销售款项凭据的当天；先开具发票的，为开具发票的当天。
>
> （二）进口货物，为报关进口的当天。
>
> 增值税扣缴义务发生时间为纳税人增值税纳税义务发生的当天。"

解读：第（一）点是总体原则，先开发票的按开票日期，未先开发票一般看收款或能收款的时间。

> 对于以上第（一）点，《增值税暂行条例实施细则》第三十八条进行了补充说明："收讫销售款项或者取得索取销售款项凭据的当天，按销售结算方式的不同，具体为：
>
> （一）采取直接收款方式销售货物，不论货物是否发出，均为收到销售

---

① 《中华人民共和国增值税暂行条例》（2017 年 11 月 20 日第二次修订，本书简称《增值税暂行条例》）。

款或者取得索取销售款凭据的当天。

（二）采取托收承付和委托银行收款方式销售货物，为发出货物并办妥托收手续的当天。

（三）采取赊销和分期收款方式销售货物，为书面合同约定的收款日期的当天，无书面合同的或者书面合同没有约定收款日期的，为货物发出的当天。

（四）采取预收货款方式销售货物，为货物发出的当天，但生产销售生产工期超过 12 个月的大型机械设备、船舶、飞机等货物，为收到预收款或者书面合同约定的收款日期的当天。

（五）委托其他纳税人代销货物，为收到代销单位的代销清单或者收到全部或者部分货款的当天。未收到代销清单及货款的，为发出代销货物满180 天的当天。

（六）销售应税劳务，为提供劳务的同时收讫销售款或者取得索取销售款的凭据的当天。

（七）纳税人发生本细则第四条第（三）项至第（八）项所列视同销售货物行为，为货物移送的当天。"

解读：第（一）点就是说，一手交钱，一手交货的，以收钱的时间为准。第（三）点就是说，先货后钱的，就看后面的钱，有约定什么时候收钱的按收钱时间，没约定的再按发货时间。第（四）点就是说，先钱后货的，钱都收好了，货还没给，就按发货的时间。但如果生产时间太久，超过一年了，就按收钱时间。第（五）点就是说，委托代销的，一般先发货过去，卖完收到代销清单或钱再交。如果一直没有收到卖掉的消息，发货满半年就得交了，不能再等了。

从以上条款可以得出结论，一般情况下有三个时间点：开票日期、收款日期、出库移送日期。一般是先开票的按开票日期，没有先开票的，按收款或出库日期确定，一般以两者谁晚为准。

营改增后，《营业税改征增值税试点实施办法》第四十五条对营改增中的服务类增值税纳税义务发生时间作出具体规定："增值税纳税义务、扣缴义务发生时间为：

（一）纳税人发生应税行为并收讫销售款项或者取得索取销售款项凭据的当天；先开具发票的，为开具发票的当天。

收讫销售款项，是指纳税人销售服务、无形资产、不动产过程中或者完成后收到款项。

取得索取销售款项凭据的当天，是指书面合同确定的付款日期；未签订书面合同或者书面合同未确定付款日期的，为服务、无形资产转让完成的当天或者不动产权属变更的当天。

（二）纳税人提供建筑服务、租赁服务采取预收款方式的，其纳税义务发生时间为收到预收款的当天。

（三）纳税人从事金融商品转让的，为金融商品所有权转移的当天。

（四）纳税人发生本办法第十四条规定情形的，其纳税义务发生时间为服务、无形资产转让完成的当天或者不动产权属变更的当天。

（五）增值税扣缴义务发生时间为纳税人增值税纳税义务发生的当天。"

解读：第（四）点纳税人发生本办法第十四条规定情形，就是前面讲的服务、无形资产或者不动产的视同销售。

至此，我们增值税部分全部讲解完毕。在学习和理解时，大家只要牢牢抓住增值税链条，牢牢抓住上家的销项是下家的进项，不让增值税链条断裂，直到最终的消费者，就能理解视同销售、不得抵扣进项等几乎所有的特殊知识点。

值得关注的是，我国增值税暂行条例从1993年至2020年，经过两次修订，已走过了 27 年的时间。我国财政部、国家税务总局于 2019 年 11 月 27 日发布了《关于〈中华人民共和国增值税法（征求意见稿）〉公开征求意见的通知》，向社会公开征求意见。我国增值税暂行到现在，终于将要变成法律了！

最后，我们反复强调这句话：税法普及帮助大，掌握原理知大局，遇事咨询财务部，全面系统研究透，切莫半解做决策。

第二节　企业所得税

企业所得税是针对公司制企业，有赚钱有所得就要交的税。除此之外，其他类型的企业，例如个人独资企业和合伙企业，因为不是独立企业法人，都只交个人所得税就行。

企业所得税的算法也很简单，简单来讲，税基就是我们之前说的利润表的税前利润，税率就是 25%。税前利润是会计的讲法，在企业所得税的计算中专有名词是应纳税所得额，就是应该纳税的所得。但是，应纳税所得额和税前利润有时并不相等，会有一些细微的差别，我们本节就要细讲这些。

本节讲解顺序与之前相反，先讲税率，再讲税基。讲税基的时候，我们会讲税基的一些最常用政策。这些政策也是企业老板必备的一些企业所得税常识。

我们这里讲的企业所得税一般针对在我国的公司制企业，专业术语叫居民企业。居民企业大家刚接触可能会觉得很新鲜，感觉很怪。我们自然人可以叫居民，企业也可以叫居民？是的，公司制企业是独立法人，居民企业就是指企业常驻在我国，跟我国居民一样，只不过这是一家企业，就叫居民企业了。与居民企业相对的是非居民企业，即外国的一些企业，本节我们暂不讲述。居民企业和非居民企业的税收政策不一样，至于如何区分，平时有所涉及的，各位再请咨询公司的财务部。

对于一般的公司制企业，企业所得税一般是每季度结束后 15 日内预缴当季所得税，年度结束后当年的所得税在隔年 5 月 31 日前汇算清缴完毕。这很好理解，平时预缴，年后再结算完。我们聘请的会计师事务所和税务师事务所审计一般也都是隔年才做完。

一、企业所得税税率

企业所得税的一般税率是 25%，但也有一些企业所得税优惠政策，具体的请各位咨询你们的财务部。我们这里只介绍一个目前耳熟能详的优惠政策：关于小微企业的企业所得税优惠政策。

小微企业，即小型微利企业。企业所得税相关税收政策①规定："小型微利企业是指从事国家非限制和禁止行业，且同时符合年度应纳税所得额不超过 300 万元、从业人数不超过 300 人、资产总额不超过 5000 万元三个条件的企业。"

按照规定，只要全年满足这三个条件，就是小微企业，就能享受企业所得税政策优惠。该通知规定的政策优惠如下：2019 年 1 月 1 日至 2021 年 12 月 31 日，"对小型微利企业年应纳税所得额不超过 100 万元的部分，减按 25% 计入应纳税所得额，按 20% 的税率缴纳企业所得税；对年应纳税所得额超过 100 万元但不超过 300 万元的部分，减按 50% 计入应纳税所得额，按 20% 的税率缴纳企业所得税。"

按这个政策，如果我们符合小微企业标准，应纳税所得额 100 万元：原本是交 100 万元 × 25% = 25 万元，现在交（100 万元 × 25%）× 20% = 5 万元就行。

而如果我们的应纳税所得额是 200 万元：原本是交 200 万元 × 25% = 50 万元，现在是 100 万元的部分交 5 万元，剩下的 100 万元，属于 100 万元到 300 万元的部分，交（100 万元 × 50%）× 20% = 10 万元，这样一共交 15 万元就可以了。

---

① 《财政部　税务总局关于实施小微企业普惠性税收减免政策的通知》（财税〔2019〕13 号）。

这里我们要注意的是，学习不同税种的时候名词会不一样，不要混淆。在讲增值税时讲过一般纳税人和小规模纳税人，而在讲企业所得税时讲到小微企业。小规模纳税人和小微企业是不同的概念，是不同税种下的名词，也是不同的标准，不要混在一起。

二、企业所得税税基

我们刚才说，企业所得税税基，即应纳税所得额并不一定等于利润表的税前利润。我们在会计部分也讲过，资产负债表有两个科目，叫递延所得税资产和递延所得税负债。本节我们就具体系统讲一下，到底是什么原因导致企业所得税的应纳税所得额和会计的税前利润金额会有差异，产生递延所得税资产和负债，并且都有哪些差异。这些差异，我们叫税法和会计的差异，简称税会差异。

我们都知道，利润表的税前利润＝收入－成本费用。那么，企业所得税的应纳税所得额和会计上税前利润的差异，无非就是收入有差或成本费用有差。我们把这些差异归为两类，暂时性差异和永久性差异。暂时性差异又分为可抵扣暂时性差异和应纳税暂时性差异，就是我们之前讲的递延所得税资产或负债，这些差异在本期只是暂时的，可以递延到以后年度再抵扣或纳税。而永久性差异是指在以后年度永久都会有这个差异，我们在当期就要把该差异造成的税交了或抵了，直接了结，就不用也不能再递延到以后年度再抵税或交税，这个永久性差异以后也不用再管了。

接下来我们举一些应纳税所得额和税前利润有差的例子，说明这些差异是暂时性差异还是永久性差异，如果是暂时性差异，要记入递延所得税资产还是递延所得税负债。

当然，有些暂时性差异因交易发生时既不影响会计利润，也不影响应纳税所得额，且不是产生于企业合并，不记入递延所得税资产或负债，本书暂不讲解这些特例。

（一）暂时性差异

我们都知道，会计的利润表是按权责发生制来算的，归属于当期的收入，无论是否收到钱，都要算在当期的收入；归属于当期的费用，无论是否已经支付，都要算在当期的费用。但是在算企业所得税的应纳税所得额时，很多时候是按收付实现制来计算的。因为税务局很难判断对于公司来说归属于什么时候，而且不知道公司自己估计的金额准不准确，等收到或支付真金白银时税务局就比较能准确确定你确实在进行商业交易而且有准确金额了。比如下面要讲的分期收款和存货跌价资产减值损失。

例5-3 分期收款销售货物，利润表的营业收入是卖掉东西的时候就入账的，但是在税法上，是在每期收到钱的时候才去交税。

从卖掉的时段来看，会计和税法是有差异的，会计全额记收入，而税法只按收到钱的时间作收入来交税。当每期慢慢收到款时，税法的收入就越来越多，和会计上的收入的差异就将逐渐缩小。当最后一期还清时，会计和税法的收入就一样了。

这种分期付款造成的差异就是暂时性差异，我们卖掉时不用交那么多税，每期收到钱的时候再慢慢去交税。这种在以后再交税所造成的应纳税暂时性差异就应该按其25%记入递延所得税负债，即我们先欠税务局，在后续边收到钱边慢慢交。

例5-4 我们存货今年还没卖出去，但年底对比市价时发现已经发生了跌价，所以我们在当年的利润表记了资产减值损失，税前利润就少了。但是在税法上，因为存货还没卖出去，这个资产减值损失税法上不认，所以就不能去抵减应纳税所得额少交税。

税法上不认我们先计提的跌价减值损失，主要是因为这只是我们自己估计的，可能不准确。税法认为跌价了，到时你卖的时候自然价格就卖得低，等到你卖的时候，按收到多少钱再去算交多少税，这样比较准确。

这种计提存货跌价损失造成的差异就是暂时性差异。利润表记资产减值损失时，税前利润减少，但税法暂时不承认，还是要按未减值的那个利润去交税，应纳税所得额就比会计的税前利润高。等到存货卖出去时，确实卖不到好价钱，这个跌价也实现了，到这时卖少了再少交税，这个暂时性差异就消失了。

还没卖出时，这种在以后可以少交税所造成的可抵扣暂时性差异就应该按其25%记入递延所得税资产，即我们现在多交税，在后续卖低价时再少交税。

还有一些暂时性差异是税法上认为一些费用，例如固定资产的折旧费，不能按我们公司会计上估计的年限那么短就扣完，而应分摊到更长的时间扣完。这样，在当期不让我们扣那么多，如果利润表多扣了，那么就要调减所得税申报表的费用，费用少了，这样应纳税所得额就会多，税自然也交得多了。当然，税法会让我们把费用全部扣完，只不过每年比会计利润表少扣一些，在最后会计利润表扣完后，税法上还没扣完的费用可以在以后年度接着扣完。我们下面就讲讲折旧年限，还有广告费。

例 5 - 5 关于公司购买的固定资产，我们在会计部分讲过，不能一次性进利润表的费用，而是每年计提折旧费。

> 《企业所得税法实施条例》① 第六十条规定："除国务院财政、税务主管部门另有规定外，固定资产计算折旧的最低年限如下：
>
> （一）房屋、建筑物，为20年；
>
> （二）飞机、火车、轮船、机器、机械和其他生产设备，为10年；
>
> （三）与生产经营活动有关的器具、工具、家具等，为5年；
>
> （四）飞机、火车、轮船以外的运输工具，为4年；
>
> （五）电子设备，为3年。"

---

① 《中华人民共和国企业所得税法实施条例》（2019年4月23日中华人民共和国国务院令第714号修订，本书简称《企业所得税法实施条例》）。

例如我们公司买了一辆车，按税法属于第（四）点，最低折旧年限是 4 年。如果我们会计上估计这辆车实际上只能用 3 年，会计上按 3 年摊，每年折旧费就多了，税前利润就少了。但税法要求，最低折旧年限是 4 年，会计上少于 3 年的，在算交多少税时，要调整为按 4 年，所以应该调减利润表每年的折旧费，相应调增应纳税所得额。

从买进来提折旧的时候看，会计和税法是有差异的，会计按 3 年提折旧，而税法按 4 年。这样前 3 年，利润表的折旧费总比税法上的折旧费多。而在第 4 年时，会计已经计提完折旧了，税法还有最后一年折旧要提。当第 4 年结束后，利润表累计提的折旧费总额就与税法上累计提的折旧费总额一样了。

这种因会计上折旧年限少于税法规定的最低折旧年限造成的差异也是暂时性差异。每年在税法上允许税前扣除的折旧费用比利润表的折旧费少，税就要提前多交。最后，会计上已提完折旧但税法上还没提完时，税法上还有剩余折旧费可以扣，后续年度应纳税所得额就比税前利润少，税就可以少交。这种在以后可以少交税所造成的可抵扣暂时性差异就应该按其 25% 记入递延所得税资产。

当然，因为税法规定的 4 年是最低年限，如果会计上按 5 年，那税法上也就按 5 年，会计和税法的折旧费就没有差异了。请注意，税法规定的 4 年只是最低年限，税法肯定同意可以按 5 年、6 年甚至更长的时间摊。

例 5 - 6

《企业所得税法实施条例》第四十四条规定："企业发生的符合条件的广告费和业务宣传费支出，除国务院财政、税务主管部门另有规定外，不超过当年销售（营业）收入15%的部分，准予扣除；超过部分，准予在以后纳税年度结转扣除。"

也就是说，广告费每年在税法上，只有不超过当年销售（营业）收入15%的部分，准予扣除，超过部分，本年先不能扣了，留着以后年度按照以后年度销售（营业）收入的 15% 扣除，直到扣完为止。

因此，这也是一种暂时性差异，当年不能扣那么多，要多交点税，留着以后扣完，以后扣的时候再少交税。因此，广告费造成的可抵扣暂时性差异，应按其 25% 记入递延所得税资产，是税务局暂时先欠我们的，留着以后抵的。

（二）永久性差异

讲完了税法上要求费用比利润表先少扣的暂时性差异，接下来我们讲讲反例。税法规定还有一些费用项目是可以多扣的，例如一些研发支出，而且这还是一项永久性差异。

例 5-7　我们之前讲过，研发支出分研究阶段和开发阶段。研发支出在研究阶段的全部费用和开发阶段预计能形成技术成果前的费用都应全部费用化，记在研发费用这个项目。开发阶段预计能形成技术成果时及后续的支出应资本化，记在开发支出这个项目。

税法规定，记入利润表的当期一次性费用化的研发费用可以按照当期研发费用的 75% 加计扣除。比如，利润表今年研发费用 100 万元，税法可以按 175 万元在算应纳税所得额时扣除，这样应纳税所得额就比利润表税前利润少，也就可以少交税。如果我们的研发支出是资本化的，开发完成是转进无形资产以后摊销的，税法可以在以后每年摊销时，多让我们摊销 75%。

值得注意的是，因为国家鼓励研发，研发费用加计扣除政策无论是针对当期一次性费用化的，还是形成无形资产在当期的摊销金额，税法上都是当期算应纳税所得额时直接加计扣除，以后不需要再调回来。所以，研发费用加计扣除政策就不会产生暂时性差异和递延所得税，而是一项永久性差异。我们当期少交税后，这事就了结了，以后这个差异就不用再管了。

我们再来看看还有哪些差异是永久性差异。其他的差异比如有些收入是免税的，有些费用不管现在还是以后都不能在税前扣除，这两种差异都是永久性差异。因为免税收入现在不用交税，以后也不用交税，即使以后政策说要交税了，那也是针对出台政策那个时间点之后的收入，政策之前的收入不用交税。有些费用不管现在还是以后都不能在税前扣除，自然而然就是永久性差异了。这些永久性差异，以后都不需要调回来的，就是非递延的，就不用记递延所得税资产或递延所得税负债了，直接在当期多交或少交税就行，跟以后没什么关系了，以后不用再管。

例 5-8　免税收入例如公司购买国债获得的利息收入，会计的利润表中记在投资收益。而税法上因为免税，这个投资收益就不再交税。这时，税法的应纳税所得额就会比会计的税前利润少这个投资收益的金额，而且以后都不用交税了，是永久性差异，就不用记递延所得税资产或负债了，当期直接少交就行。

例 5-9　不管现在还是以后在税前扣除的费用都不能包括职工福利费和工会经费超标部分、企业业务招待费超标部分、企业全部赞助费支出。

> 《企业所得税法实施条例》第四十条至第四十三条规定：
>
> "企业发生的职工福利费支出，不超过工资薪金总额 14% 的部分，准予扣除。
>
> 企业拨缴的工会经费，不超过工资薪金总额 2% 的部分，准予扣除。
>
> 除国务院财政、税务主管部门另有规定外，企业发生的职工教育经费支出，不超过工资薪金总额 2.5% 的部分，准予扣除；超过部分，准予在以后纳税年度结转扣除。
>
> 企业发生的与生产经营活动有关的业务招待费支出，按照发生额的 60% 扣除，但最高不得超过当年销售（营业）收入的 5‰。"

我们可以看出，除职工教育经费跟广告费类似，超标部分以后可以慢慢扣除外，其他支出超标部分以后都不能扣除了。所以，职工教育经费超标部分造成的差异是可抵扣暂时性差异，记递延所得税资产，其他都是永久性差异。

> 《企业所得税法》① 第八条、第十条规定：
>
> "企业实际发生的与取得收入有关的、合理的支出，包括成本、费用、税金、损失和其他支出，准予在计算应纳税所得额时扣除。
>
> 在计算应纳税所得额时，下列支出不得扣除：
>
> ……
>
> （六）赞助支出。"

因为赞助支出是与本企业经营无关的，是赞助别人的支出，因此不是本企业合理的经营支出，不能税前扣除。

（三）企业所得税五年补亏政策

我们需要了解的重要的基本政策是企业所得税五年补亏政策。

例 5 - 10　如果我们今年发生亏损，那么我们今年就不用交企业所得税。而且，以后年度如果盈利，可以先弥补今年的亏损，如果弥补完还盈利，才需要交企业所得税。当然，今年的亏损并不是以后所有年度都可以弥补的，税法规定，只能用未来五年的盈利来弥补。如果未来五年盈利均不理想，都弥补不过来，那不好意思，未弥补的亏损在第六年就不能再弥补了。即使第六年盈利了，也不能再先减去未弥补亏损，要足额交税。弥补亏损时，优先用较早年度的未弥补亏损，即先进先出。这个政策，就是我们经常听说的企业所得税五年补亏政策。

我们用表 5 - 1 解释一下五年补亏，假设企业所得税税率是 25%。

逐年解释如下：

第一年：盈利 120 万元，交税 30 万元。

第二年：亏损 100 万元，不用交税，且可用后续五年弥补，即第三年至第

---

① 《中华人民共和国企业所得税法》（2019 年 1 月 7 日第二次修正，本书简称《企业所得税法》）。

表5-1 五年补亏举例 单位：万元

	第一年	第二年	第三年	第四年	第五年	第六年	第七年	第八年	第九年
税法当年未补亏前应纳税所得额	120	−100	40	−30	10	15	20	50	80
税法累计盈亏	120	−100	−60	−90	−80	−65	−30	20	80
企业所得税	30	0	0	0	0	0	0	5	20

七年。

第三年：盈利40万元，补亏第二年后亏损还剩60万元，不用交税。

第四年：亏损30万元，不用交税，且可以后续五年弥补，即第五年至第九年。

第五年：盈利10万元，优先弥补第二年亏损，弥补后第二年亏损还剩50万元，第四年亏损还剩30万元，合计未弥补亏损80万元，不用交税。

第六年：盈利15万元，优先弥补第二年亏损，弥补后第二年亏损还剩35万元，第四年亏损还剩30万元，合计未弥补亏损65万元，不用交税。

第七年：盈利20万元，优先弥补第二年亏损，弥补后第二年亏损还剩15万元，第四年亏损还剩30万元。至此，第二年未弥补亏损有15万元未弥补完，因为已到五年期限，后续盈利不能再弥补此亏损了。因此，15万元作废，合计未弥补亏损只有第四年的30万元，不用交税。

第八年：盈利50万元，因不能弥补第二年的15万元亏损，只能弥补第四年的亏损30万元，弥补后还盈利20万元，交税5万元。

第九年：盈利80万元，之前的亏损均已弥补完毕，直接交税20万元。

未弥补亏损可以在以后用盈利来弥补，可以少交税。所以，如果能预见未来五年会产生盈利来弥补亏损的话，预计能弥补多少，就按预计能弥补多少亏损的25%记入递延所得税资产。当然，如果预计能够产生足够的盈利全部弥补，就可以按全部可弥补亏损金额的25%记入递延所得税资产。相反，如果未来五年判断持续亏损，不能产生盈利来弥补的话，那么就不能记递延所得税资产了，这体现了会计记账的谨慎性原则。虽然政策允许公司用未来五年盈利弥补亏损，少交税，但公司自己盈利不了，就不能享受到这个政策的好处了。本节所讲的所有记入递延所得税资产的金额，都要这样评估一下未来是否可以产生足额的所得税来抵扣。

至此，企业所得税全部讲解完毕。大家主要掌握几个税法上算应纳税所得额和会计上利润表算税前利润的差异，就掌握了精髓。另外五年补亏大家也要知道。

最后，本书反复强调这句话：税法普及帮助大，掌握原理知大局，遇事咨询财务部，全面系统研究透，切莫半解做决策。

第三节 个人所得税

个人所得税其实是小税种，但因为它与每个人息息相关，我们只要创业或经营，都会碰到个人所得税的问题，所以笔者在这里将个人所得税当作一个较为重点的税种来讲。

我们这里讲的个人所得税主要针对我国的居民，非居民我们这里暂不介绍。

我们每个人，无论做什么，只要有收入，就会有个人所得税，所以个人所得税的税目有很多，一共有九个。不同税目的计算方法不同。请注意，个人所得税是针对个人的，也包括个体工商户、个人独资企业和合伙企业，但不是针对公司制企业的。公司制企业是独立法人，既然是独立法人，那么交税也要跟个人所得税区分开来，要交企业所得税。公司交完企业所得税后的净利润分红给个人，个人再交个人所得税。

下面我们分别介绍这九个税目，并讲解这些税目是如何算出要交多少个人所得税的。

一、个人综合所得（含四项）

我们最常听到的个人所得税交的是个人综合所得。个人综合所得包括四个税目，即工资、薪金所得，劳务报酬所得，稿酬所得，特许权使用费所得。这四类所得每次发生时，都要按各自的算法预缴税款，隔年 3 月 1 日至 6 月 30 日，我们要对本年度内四类所得合计数，按同一个方法汇算清缴，对比看下已经预缴了多少，多退少补。

我们可以发现，按这样算，这四类最终合计汇算清缴时要交多少税算法是一样的，但是税务局不能等我们一年后再一起交，我们需要每次发生时先预缴一笔。每个税目预缴多少算法不同。我们接下来先讲这四类预缴各是怎么算的，最后再讲合并起来汇算清缴是怎么算的。

（一）工资、薪金所得

工资、薪金，通俗来讲，就是你的工资、奖金和年终奖。这是大家最关心的，所以我们也将会用较大篇幅来讲工资、薪金所得。

每月发工资、奖金时，工资和奖金一个预缴算法，年终时年终奖单独一个算法。

我们发月度工资奖金时，我们拿到手的实发工资、奖金＝应发工资、奖金－个人部分三险一金－个人部分年金－个人所得税。看到这里，大家是不是终于知道自己每月到手的工资、奖金到底是怎么算出来的？没错，就是这样算出来的！

那这个公式里的应发工资、奖金想必大家都有概念，就是企业招聘时跟大家谈的月度薪酬。

个人部分三险一金大家应该也有概念。我们公司部分按比例承担五险一金，即养老保险、医疗保险、失业保险、工伤保险、生育保险和住房公积金。个人部分按比例只需要承担三险一金，即养老保险、失业保险、医疗保险和住房公积金。

个人部分年金大家也有概念，它是一种补充养老保险，也是公司和个人按比例承担。

那这里大家比较没有概念的就是个税是怎么算出来的。这里的个税就是每月要预缴的个税。我们知道，企业所得税是对收入减成本费用后的应纳税所得额收25％的税。同理，工资、薪金所得个人所得税也是这样，它也是对个人收入减成本费用后的所得（应税工资奖金）收税的，基本公式如下：

预缴的工资、薪金个人所得税＝应税工资、奖金×预缴税率

我们先讲应税工资、奖金，再讲税率。

应税工资、奖金＝收入－成本费用＝应发工资、奖金－专项扣除（个人部分三险一金）－其他扣除（个人部分年金等）－6项专项附加扣除－基本减除费用（按月生活费5000元）

应发工资、奖金其实就是我们扣除各项前的总收入。算个税减的成本费用里包含两类：一类是我们真正拿到手里交的成本费用，也就是刚才算实发工资、奖金时减的个人部分三险一金和年金；另一类是实发到手后我们会发生的成本费用，也就是基本生活费5000元/月和6项专项附加扣除。

如果只减个人部分三险一金和年金，按实发工资、奖金来交税，那税基就太大了，肯定是不合理的，因为我们实发工资奖金拿到手后还要养家糊口，真正所得能存起来的没多少。

所以税务局觉得，不能按实发工资奖金当税基来交税，要再扣掉一些必要的成本费用，得出应税工资奖金再来算税。例如养家糊口衣食住行要花掉的必要的基本生活费。关于基本生活费，税务局定了一个标准，按每个月扣5000元。

另外我们还要支付其他费用。税务局目前让我们扣除与民生最相关最重大的6项费用，叫作6项专项附加扣除。这6项专项附加扣除分别是子女教育、继续教育、大病医疗、住房贷款利息、住房租金和赡养老人。这6项费用不是实际发

生多少就扣多少，税务局规定了享受扣除需要符合的条件、每月扣除的限额，以及可以扣除几个月。这些税务局要求大家填报个税专项附加扣除 APP 采集信息。关于这个个税 APP 要如何进行填报，大家可以咨询税务局或自己公司的财务部。在此提醒各位，各位在填报时要符合规定。个人所得税相关税收政策[①]规定："纳税人应当对报送的专项附加扣除信息的真实性、准确性、完整性负责。"我们所在的公司只是扣缴义务人，只是帮大家代扣代缴个税。所在公司的责任是向纳税人宣传，接受纳税人咨询，但不会主动过问大家 6 项专项附加扣除的隐私，也不会对大家填报的信息负责。这 6 项当中，大病医疗税务局不要求 APP 填报，在年度汇算清缴时直接报送扣除即可。

算好了应税工资、奖金，我们乘以税率，就算出个税了。基本公式我们刚才已经提到了：

预缴的工资、薪金个人所得税 = 应税工资、奖金 × 预缴税率

因为一年有 12 个月，每月都要预缴。所以每月预缴时，我们用累计至当月的应税工资奖金，算出累计至当月的应预缴个税，减去之前月份已预缴的个税，算出本月应预缴的个税。所以我们将基本公式变成：

每月预缴的工资、薪金个人所得税 = 全年累计至当月的应税工资、奖金 × 预缴税率 − 本年已预缴的工资、薪金个人所得税

工资、薪金个人所得税税率并不像企业所得税一样全部按 25%，而是分层的，赚得越多税率越高。目前的全年个税税率如表 5 − 2 所示。

大家从税率表可以看出，工资、薪金个税税率是分级的，一共有七级，税率从 3% 到 45% 不等，赚得越多税率越高。这种分级税率叫超额累进税率。

例 5 − 11　假设全年的应发工资奖金扣完各种成本费用后的应税工资、奖金是 15 万元，那么要算到第 3 级，你的个税是：

---

① 《国家税务总局关于发布〈个人所得税专项附加扣除操作办法（试行）〉的公告》（国家税务总局公告 2018 年第 60 号）第十八条。

表 5－2　居民个人工资、薪金所得预扣预缴七级超额累进税率

级数	月度累计预扣预缴应纳税所得额	预扣率（%）	速算扣除数（元）
1	不超过 36000 元的	3	0
2	超过 36000 元至 144000 元的部分	10	2520
3	超过 144000 元至 300000 元的部分	20	16920
4	超过 300000 元至 420000 元的部分	25	31920
5	超过 420000 元至 660000 元的部分	30	52920
6	超过 660000 元至 960000 元的部分	35	85920
7	超过 960000 元的部分	45	181920

不超过 36000 元的部分，是 $36000 \times 3\% = 1080$（元）；

超过 36000 元至 144000 元的部分，是 $(144000 - 36000) \times 10\% = 10800$（元）；

超过 144000 元至 300000 元的部分，是 $(150000 - 144000) \times 20\% = 1200$（元）；

合计要交个税 13080 元。

每次都分层算这么多级很麻烦，税务局的数学专家发现了一个规律，就是速算扣除数。公式如下：

工资、薪金预缴个人所得税 = 应税工资、奖金 × 对应级数税率 - 速算扣除数

也就是只要找到 15 万元对应的级数（第 3 级），直接这样算出个税 = $150000 \times 20\% - 16920 = 13080$（元），结果一样。

我们这个例子是讲全年的，比较好讲解。大家每月预缴时，道理也一样，无非就按每月预缴的那个公式，看累计至当月的应税工资、奖金有没有发生跳级，跳级了就把累计到当月的应税工资、奖金按跳级后的税率和速算扣除数算出个税，再减去之前月份已预缴的个税，就是本月要预缴的个税。

（二）年终奖

年终奖是包含在工资、薪金所得内的。之所以把年终奖单独拉出来讲，是因

为年终奖的政策比较特殊。政策规定，2021年12月31日前，年终奖可以选择并入当年综合所得计算缴纳个税，也可以选择单独计算个税。

如果并入当年综合所得，那就当作平时月度的工资、奖金，在年终奖发放月一起并入当月工资、奖金算税，隔年一起汇算清缴就行。

如果单独计税，则采用例5-12要讲的这种年终奖单独计税方法。

值得注意的是，年终奖单独计税方法一年只能用一次。因为年终奖一年也只发一次。如果年终奖一年发放两次，那么只能选择其中一次使用年终奖单独计税方法，另外一次就要当作平时月度的工资、奖金，在发放月一起并入当月工资、奖金算税，隔年一起汇算清缴。

例5-12　假设我们的年终奖也是15万元，我们要先用15万元除以12月换算成每月1.25万元。

接下来，用按月换算后的1.25万元来查表看是在哪一级。从表5-3可知，是税率为20%那一档。

表5-3　按月换算后的综合所得七级超额累进税率

级数	应纳税所得额	税率（%）	速算扣除数（元）
1	不超过3000元的	3	0
2	超过3000元至12000元的部分	10	210
3	超过12000元至25000元的部分	20	1410
4	超过25000元至35000元的部分	25	2660
5	超过35000元至55000元的部分	30	4410
6	超过55000元至80000元的部分	35	7160
7	超过80000元的部分	45	15160

接下来，我们用15万元×20%-1410元算出此笔年终奖要单独缴纳个税28590元。

请注意，我们换算成月后只是为了看用哪一级的税率，找完后要用全部 15 万元去乘税率后减速算扣除数，而不是用 1.25 万元。

细心的读者会发现，按月换算后的综合所得税率表其实就是将表 5 - 2 工资、薪金所得预缴税率表每级的应纳税所得额和速算扣除数都除以 12 个月，税率不变。而将年终奖单独出来计算的方式，相当于重新累计收入算税，避免累计至每月度应税工资、奖金，导致收入较高对应的税率也较高。再次提醒大家，这项年终奖政策截至 2021 年 12 月 31 日。

（三）劳务报酬所得、稿酬所得、特许权使用费所得

劳务报酬所得，通俗来讲，就是你去赚外快所得的报酬。这里的劳务要和增值税的劳务区别一下。增值税税目里有货物、劳务和服务。劳务只含加工和修理修配。但个人所得税里的劳务报酬包含的内容比较广，差不多可以理解成增值税里的劳务和服务。

稿酬所得，就是你写书出版或写文章发表在期刊等的所得。当然，如果是新闻公司，公司员工自己写新闻稿发表，公司给员工发报酬，这是工资，要按工资、薪金所得交税，而不是按稿酬所得。

特许权使用费所得，就是你提供专利权、商标权、著作权之类的特许权使用费得到的钱。

以上三项所得的预缴方法差不多，都是按次预缴，只不过是预缴税率有差别。预缴公式如下，我们先算出应税所得：

应税劳务报酬、特许权使用费所得 = 收入 - 成本费用 = 收到的不含增值税收入 - 成本费用

因为现在营改增，所有行业都得交增值税，所以应税三项所得的收入是净收到的不含增值税的金额。成本费用的算法是每次收入不超过 4000 元的，减除费用标准按 800 元计算；每次收入 4000 元以上的，减除费用标准按收入的 20% 计算。

应税稿酬所得还可以在此计算的基础上再打七折，即：

应税稿酬所得＝（收入－成本费用）×70%＝（收到的不含增值税收入－成本费用）×70%

算出应税三项所得后，接下来就要算预缴税款。

三项所得预缴个人所得税＝应税三项所得×预缴适用税率

劳务报酬所得是按三级税率预缴，稿酬所得和特许权使用费所得统一按20%预缴。

劳务报酬所得预缴时，目前按表5－4所示的税率预缴。

表5－4　居民个人劳务报酬所得预扣预缴三级超额累进税率

级数	预扣预缴应纳税所得额	预扣率（%）	速算扣除数（元）
1	不超过20000元的	20	0
2	超过20000元至50000元的部分	30	2000
3	超过50000元的部分	40	7000

（四）个人综合所得年度汇算清缴

以上四项合起来叫个人综合所得。次年3月1日至6月30日，要对本年度发生的四项综合所得进行汇算清缴，再跟全年已预缴金额对比，多退少补。汇算清缴也是按以下公式来算的：

四项综合所得最终汇算清缴个人所得税＝应税四项综合所得×汇算清缴适用税率

应税四项综合所得差不多就是本节刚才说的四项应税所得加起来。只有一点不同，在算除工资、薪金所得外的其他三项所得成本费用的时候，减除费用标准统一按收入的20%计算就行，不用区分每次收入是否超过4000元，没有减800元这种算法。另外，应税稿酬所得还是在此计算的基础上再打七折。

汇算清缴适用税率如表5－5所示。

表 5-5　综合所得个人所得税七级超额累进税率（居民个人适用）

级数	全年应纳税所得额	税率（%）	速算扣除数（元）
1	不超过 36000 元的	3	0
2	超过 36000 元至 144000 元的部分	10	2520
3	超过 144000 元至 300000 元的部分	20	16920
4	超过 300000 元至 420000 元的部分	25	31920
5	超过 420000 元至 660000 元的部分	30	52920
6	超过 660000 元至 960000 元的部分	35	85920
7	超过 960000 元的部分	45	181920

细心的读者已经发现，汇算清缴适用税率表和工资、薪金所得预缴税率表一样。没错，前文说过，这四项综合所得最终合在一起汇算清缴时都是按同一个方法算个税的，也就是按工资、薪金所得预缴的算法，只不过其他三项所得预缴的时候算法不一样。

最后，税务局在最终年度汇算清缴后，多退少补。

二、经营所得

经营所得，就是你自己个人未注册经营，或注册成个体工商户或个人独资企业经营，或与人合伙注册合伙企业经营，或对企事业单位进行承包经营赚的钱。

应税经营所得也是收入 - 成本费用，公式如下：

应税经营所得 = 收入 - 成本费用 = 不含增值税收入 - 成本费用

经营所得个人所得税 = 应税经营所得 × 适用税率

这里的成本费用视不同类型而定。

对于个人未注册经营，没有四项个人综合所得的，可以扣除在个人综合所得部分介绍的那些成本费用。

对于个体工商户、个人独资企业或合伙企业，分核定征收和查账征收两种情况。

如果个体工商户、个人独资企业或合伙企业没有进行会计记账，或账目不健全，税务局就不知道收入或成本费用是多少，所以采取的是核定征收。核定征收方式包括定额征收、核定应税所得率征收等。定额征收就是无法知道收入和成本费用时，直接核定出一个个人所得税金额来交税。核定应税所得率征收就是核定一个应税所得利润率，例如30%，在只知道准确的收入或成本费用时就能算出利润，如如果知道收入是100万元，那么应税经营所得就是100万元×30%＝30万元，如果知道成本费用是70万元，那也能算出应税经营所得是70万元÷（1－30%）×30%＝30（万元）。

如果个体工商户、个人独资企业或合伙企业有准确进行会计记账核算，那么收入和成本费用就能准确知道，成本费用的扣除与企业所得税接轨，有些地方与企业所得税扣除方法相似，但也有一些不同点，具体请咨询你们的财务部。据此，我们就能算出应税经营所得。

对于对企事业单位进行承包经营，也是类似用收入－成本费用得出应税经营所得。

有了应税经营所得，我们需要知道相关税率才能算出个税。经营所得个税税率表也是分级的超额累进计算法，一共有5级，税率从5%到35%不等，如表5－6所示。

表5－6　经营所得个人所得税五级超额累进税率

级数	全年应纳税所得额	税率（%）	速算扣除数（元）
1	不超过30000元的	5	0
2	超过30000元至90000元的部分	10	1500
3	超过90000元至300000元的部分	20	10500
4	超过300000元至500000元的部分	30	40500
5	超过500000元的部分	35	65500

三、其他四项所得

（一）利息、股息、红利所得

利息、股息、红利所得，就是我们买一家公司的债券后，这家公司给我们的利息，或买一家公司的股票后这家公司分给我们的股息红利。

利息、股息、红利所得直接用收入×20%的税率，不再扣减成本费用。

我们常听到企业所得税和个人所得税双重税赋，讲的就是例如一个人投资创办了一家公司制企业，公司赚钱了，因为公司制企业是独立法人，要交25%的所得税，交完后，如果剩下的未分配利润要分给投资者时，投资者又要交20%的个人所得税。公司制企业独立法人，带来了有限责任，也带来了双重税赋。

（二）财产租赁所得

财产租赁所得，就是我们出租财产得到的钱，比如出租房子。

应税财产租赁所得＝不含增值税收入－成本费用

这里的成本费用根据不含增值税收入金额的大小，算法不同，具体如下：

每次（月）收入－准予扣除项目－修缮费用后的余额不足4000元的：

应税财产租赁所得＝［每次（月）不含增值税收入额－准予扣除项目－修缮费用（800元为限）］－800元

每次（月）收入－准予扣除项目－修缮费用后的余额4000元以上的：

应税财产租赁所得＝［每次（月）不含增值税收入额－准予扣除项目－修缮费用（800元为限）］×（1－20%）

算出应税财产租赁所得后，财产租赁所得个人所得税＝应税财产租赁所得×20%。

（三）财产转让所得

财产转让所得，就是我们卖掉财产得到的钱，比如卖房子。

应税财产转让所得＝不含增值税收入－成本费用

＝转让财产的不含增值税收入额－财产原值和合理费用

财产转让所得个人所得税＝应税财产转让所得×20%

（四）偶然所得

偶然所得，就是偶然得到的钱，比如我们中奖了。

偶然所得直接用所得收入×20%的税率，不再扣减成本费用。

至此，我们个人所得税全部讲解完毕。大家主要用到的是个人综合所得中的工资、薪金所得，劳务报酬所得，以及自己创业经营的经营所得和公司投资回报股息红利所得。其他所得大家有遇到再查看相关细节或咨询你们的财务部。

本章小结

本章是税法部分的核心，讲解了与大家最相关的三个税种：增值税、企业所得税和个人所得税。增值税和企业所得税也是我国两个重要的税种。增值税我们主要掌握增值税税目、税率及增值税链条，企业所得税主要掌握税法和会计的差异，个人所得税主要掌握个人综合所得中的工资、薪金所得，劳务报酬所得，以及自己创业经营的经营所得和公司投资回报股息红利所得。

最后，本书反复强调这句话：税法普及帮助大，掌握原理知大局，遇事咨询财务部，全面系统研究透，切莫半解做决策。

第六章　其他税种简介

除了增值税、企业所得税、个人所得税外，我国还有很多税种。本章我们就来简单认识一下其他各税种。请注意，这里只是带大家简要了解，至于具体的，如果大家是做相关行业的，就会比较了解，遇到相关问题时请再咨询你们的财务部。

开始讲各税种前，有一个小知识点先给大家点出来。增值税是价外税，但我们本节讲的税种中，有一些是价内税。所以在这里先给大家总结一下价外税和价内税的区别。

只有流转税才有价外税和价内税的区别，像增值税、消费税、关税等。

所有商品的价格都包含增值税。增值税这种价外税是单独算的，进项税不记进货物的库存商品、不结转到成本，销项税也不记入营业收入。所以我们会计在记库存商品、营业成本、营业收入的时候，都要进行价税分离，把增值税分出来再记。这个我们在增值税部分已经讲过。

而价内税像关税、消费税，是含在价格里的，所以采购进来后先记在资产负债表的库存商品，然后卖掉时结转在利润表的营业成本。当然，如果是零售环节消费税（后面会讲到）也要先记到营业收入里，再从税金及附加扣除。

含在库存商品和营业成本里的价内税我们好理解，反正就是含在采购进价里面了。但零售环节从营业收入里扣除怎么理解？我们后面会讲到超豪华小汽车零售环节要交消费税，这是销售方承担的，所以首先我们售价记在营业收入，再将我们要承担的零售环节消费税记在利润表的税金及附加，也就相当于又从收入里减掉这项税费。

本书总结一点就是，库存商品、营业成本、营业收入的金额都包括价内税，但都不包括价外税。价内税要从利润表后面的项目例如税金及附加中扣除，而价外税从一开始的营业收入和营业成本就被排除在利润表外了。简而言之，价外税不体现在利润表，价内税体现在利润表。

有了这个概念，下面可以开始介绍其他各税种了。

笔者把这些税种归为五类：进口和消费相关税种、不动产相关税种、交易相关税种、自然资源和环境保护相关税种，以及剩余其他税种。所以本章共五节。

本书反复强调这句话：税法普及帮助大，掌握原理知大局，遇事咨询财务部，全面系统研究透，切莫半解做决策。

第一节　进口和消费相关税种

我们先讲进口和消费相关税种，即增值税、消费税和关税。增值税我们已经讲过，下面主要讲解消费税和关税。在讲解过程中，只讲这两个税种的相关核心要点，并不只是讲进口方面。

一、消费税

税法对一些高档消费品除了征收增值税，还会征收消费税。消费税一共设置了 15 个税目，分别是烟、酒、高档化妆品、贵重首饰及珠宝玉石、鞭炮焰火、成品油、小汽车、摩托车、高尔夫球及球具、高档手表、游艇、木制一次性筷子、实木地板、电池和涂料。15 种税目的税率也各不相同。

消费税征收环节一般只在生产、委托加工和进口的其中一个环节征收一次，叫单环节征收。但也有特例：金银首饰（含铂金）、钻石、钻石饰品是在零售环节单环节征收。

当然也有双环节征收的特例：除了在生产、委托加工和进口的其中一个环节征收外，超豪华小汽车（不含增值税 130 万元及以上）在零售环节加征一道消费税，卷烟在批发环节也要加征消费税。

消费税跟增值税一样也有链条，只不过链条很短，大多是单环节链条。只要离开了这个环节就要交税，例如刚才说的那几个环节：生产出厂、委托加工完、进口进来、零售出去、批发出去等。如果不是以正常销售的方式离开这些环节，那么也和增值税一样要视同销售。

消费税的计算方式有三种，从价计征、从量计征和从价从量复合计征，按字面意思很好理解，就是有些是根据价格来算的，有些是根据数量来算的，也有既按价格又按数量算的。

消费税是价内税。既然是价内，就是要计入商品成本或从商品的收入中扣除。计入商品成本的消费税例如进口环节消费税。从商品的收入中扣除的消费税例如超豪华小汽车零售环节加征的消费税，这类消费税记在利润表的税金及附加，就从收入中扣除了。

另外，除进口环节海关代征的消费税外，其他环节的消费税也跟增值税一样有城建税和消费税附加，名称也都一样是城市维护建设税、地方教育费、地方教育费附加，税费率也根据所处地区情况分别是 732、532 或 132。

二、关税

进出口货物和物品要交关税。我国海关公布了一系列需要交关税的进出口货物物品分类目录和税率。

我们进口关税税率有最惠国税率、协定税率、特惠税率、普通税率、关税配额税率等。计算方式有从价税、从量税、复合税、选择税、滑准税。

从价税的进口关税计算方法是完税价格×关税税率。大家做进出口的，经常会听到完税价格这个词。它的含义跟它的名称其实不一样，我们不能顾名思义理解为交完关税后的价格，而应该理解成要去完成交关税前的关税税基价格。

大家想想什么价格会被包括在完税价格里作为税基去计算进口关税呢？我们用正常的思维去想进口的过程，就可以发现，进口关税完税价格包括以下几项：

首先，进口到我国的产品的出口国装船发货离开出口国港口岸前的所有价格，包括出口国的货价、出口关税以及离开港口岸前的各种相关费用。这些加起来叫离岸价 FOB。

然后，货物已经从出口国装船发货离开港口，开始运往我国了。运输到我国港口岸前这一过程中又会发生一些运输费用、保险费用等。

离岸价 FOB，加上海上漂的过程中发生的费用，就形成了到岸价 CIF。

到岸时，货物进口就完成了。所以到岸价 CIF 就是我们计算关税的税基，即完税价格。

关税也是价内税，所以关税含在进口产品的成本中。

学完了增值税、消费税、关税进口三大税种，现在我们来总结一下。我们知道，关税是进口的第一道税，接下来如果是消费税征税范围内的货物，还要交消费税，最后是增值税。其中关税和消费税是价内税，增值税是价外税。假设消费税是从价计算，我们有以下关系：

进口货物含税价格 = 完税价格（即到岸价 CIF）×（1 + 关税税率）×（1 + 消费税税率）×（1 + 增值税税率）

我们可以发现，关税是以完税价格为税基算的，消费税的税基是完税价格 + 关税。因为关税和消费税是价内税，所以到此时完税价格 + 关税 + 消费税，就是进口货物的不含增值税价格，我们记在库存商品里，卖掉时会结转到利润表的营业成本里。最后价外税增值税的税基就是价内税，即完税价格 + 关税 + 消费税，把增值税也算入后就是完整的进口货物含税价格。

三、城建税和增值税、消费税附加

我们再顺带归纳一下城建税和增值税、消费税附加。

除进口环节海关代征的增值税、消费税外，其他环节有交增值税、消费税这两种税时，都要另外再交城建税和两个附加。这个我们在单独讲增值税和消费税时都有详细讲过，这里再完整归纳一次。

城建税和增值税、消费税附加包括三个：

城市维护建设税 = 增值税 × 7%（市区 7%；县城、镇 5%；不在市区、县城和镇的 1%）

地方教育费 = 增值税 × 3%

地方教育费附加 = 增值税 × 2%

其中，地方教育费和地方教育费附加都是费，不是税。这就是减税降费中的费。这三个是增值税、消费税单独附带的，没有价内价外之说，记在利润表的税金及附加。

最后，本书反复强调这句话：税法普及帮助大，掌握原理知大局，遇事咨询财务部，全面系统研究透，切莫半解做决策。

第二节　不动产相关税种

与不动产相关的税种主要有房产税、城镇土地使用税、土地增值税、契税和耕地占用税。

一、房产税

拥有房产要交房产税，但目前个人非营业用的房产免征房产税。

房产税看房屋有没有出租，分从价计征和从租计征。

如果房屋没有出租，则从价计征，即按房屋和土地的价值算税。从价计征每年都要交一次，金额为：

年应纳税额＝应税房产原值×（1－扣除比例）×1.2%

房产原值就是不含增值税的房屋和土地的价值。

为什么会有一个扣除比例？因为房屋和土地会有折旧，每年价值随着计提折旧在减少。但是税法上为了方便，如果没有打个折，每年交的金额是固定按原值算，这样就比较不合理。所以税法就干脆允许把原值先打个折，以后就按这个打完折的原值来计税。扣除比例各地不一样，一般10%～30%。

如果房屋是出租的，则从租计征，在租期内按月或季交，计算公式为：

月应纳税额＝租金收入（不含增值税）×12%

如果是个人的住房出租，税率是4%。

房产税没有价内价外之说，账记在利润表的税金及附加项目。

二、城镇土地使用税

如果你在城市、县城、建制镇、工矿区范围内使用土地，就要交城镇土地使用税。城镇土地使用税和房产税一样，都是每年要交的。

每平方米的城镇土地使用税年税额幅度为：大城市1.5～30元、中等城市1.2～24元、小城市0.9～18元，县城、建制镇、工矿区0.6～12元，由各地自行决定。

城镇土地使用税没有价内价外之说，账记在利涯表的税金及附加项目。

三、土地增值税

如果我们转让土地或房屋，都会涉及土地增值税，也就是转让时的价格高于购买时的成本的增值部分要交的税。

大家请注意，土地增值税加了土地两个字，跟增值税不一样。土地增值税就是土地的增值税，是与增值税完全不同的另外一个专门针对土地或房屋转让有增值而征收的税种。

因此，转让土地使用权、销售不动产除了要交 9% 的增值税外，还要交土地增值税。

那么土地增值税是怎么计算缴纳的呢？无非也是税基×税率。

我们先来看税基。既然是土地增值税，我们的税基就是转让增值的部分，也就是我们一直在说的收入 – 成本费用。

收入大家已经很熟悉了，就是转让收到的价款进行价税分离后的不含增值税收入。

成本费用各税种都有不同的成本费用。对于土地增值税来说，成本费用有以下五项：

（1）土地价款和取得土地时交的契税、过户费等。

（2）房地产开发成本。

（3）房地产开发费用。包括利息费用和其他费用。利息费用知道的，利息费用按实际扣除，其他费用控制在前两项 5% 限额范围内。利息费用不知道的，所有开发费用控制在前两项 10% 范围内。

（4）与转让房地产有关的税金。此项包括城建税、两个附加、印花税等，但不包括增值税。我们已经知道，增值税是价外税，不能含进来。

（5）财政部规定的其他扣除项目。政策规定，房地产开发企业的新建房转让可再扣除前两项的 20%。

有了收入 – 成本费用形成税基，接下来我们看看税率。

土地增值税的计算方式比较奇怪，税率叫超率累进税率，有 4 级。我们在讲工资、薪金个人所得税时讲的方法是超额累进税率，差了一个字。我们先看表 6 – 1 所示的税率。

表6-1　土地增值税四级超率累进税率

级数	增值额与扣除项目金额的比率	税率	速算扣除系数
1	不超过50%的部分	30%	0%
2	超过50%至100%的部分	40%	5%
3	超过100%至200%的部分	50%	15%
4	超过200%的部分	60%	35%

从表6-1中我们发现，超额累进是按超过的金额来累进的，超率累进是按超过的比率（或者叫倍数）来累进的。

例6-1　我们假设转让土地或房屋不含增值税收入是500万元，可扣除的成本费用是300万元，那么增值部分就是200万元，增值了200/300 = 67%，查表后知道属于第二级。

土地增值税税额 = 增值额×税率 - 扣除项目金额×速算扣除系数

所以，我们要交的土地增值税 = 200万元×40% - 300万元×5% = 65万元。

土地增值税没有价内价外之说，账记在利润表的税金及附加项目。

四、契税

国有土地使用权的出让和后续的转让，以及房屋的买卖、赠与和交换，都需要交契税。契税是出让、转让或买卖的时候一次性交的。

契税的税基一般就是不含增值税的成交价格，税率各地方不一样，一般3%～5%。

契税没有价内价外之说，账上计入土地和房屋资产的成本。

五、耕地占用税

占用耕地就要交耕地占用税。耕地占用税是占用时一次性交掉的，不像土地使用税每年都交。所以如果占用的土地是耕地，占用时一次性交耕地占用税，满一年后每年都要交土地使用税；如果占用的是非耕地，占用次月起就要一直交土地使用税。

耕地占用税按占用多少平方米来算。每平方米的税率实行地区差别幅度定额税率。人均耕地面积越少，每平方米税额越高。

在人均耕地面积低于 0.5 亩的地区，各地可适当提高耕地占用税的适用税额，但最高只能提高 50% 。占用基本农田的，每平方米加收 150% 。

耕地占用税没有价内价外之说，账上计入土地和房屋资产的成本。

至此，我们不动产相关税种已全部介绍完毕。因为不动产金额较大，所以大家做决策前更要仔细咨询你们的财务部门。

最后，本书反复强调这句话：税法普及帮助大，掌握原理知大局，遇事咨询财务部，全面系统研究透，切莫半解做决策。

第三节　交易相关税种

与交易相关的税种是印花税。

印花税共 13 个税目，包括 10 类合同和 3 类非合同。

10 类合同有购销合同、加工承揽合同、建设工程勘察设计合同、建筑安装工程承包合同、财产租赁合同、货物运输合同、仓储保管合同、借款合同、财产保险合同、技术合同。

3 类非合同是产权转移书据，营业账簿，以及权利、许可证照。

印花税的税基一般是合同签订金额，以及非合同的件数。税率请看表 6 - 2。

自 2018 年 5 月 1 日起，对按万分之五税率贴花的资金账簿减半征收印花税，对按件五元贴花的其他账簿免征印花税。

印花税没有价内价外之说，账记在利润表的税金及附加项目。

最后，本书反复强调这句话：税法普及帮助大，掌握原理知大局，遇事咨询财务部，全面系统研究透，切莫半解做决策。

表 6 - 2　印花税税率

税率	税　　　目
万分之零点五	借款合同
万分之三	购销合同、建筑安装工程承包合同、技术合同
万分之五	加工承揽合同、建设工程勘察设计合同、货物运输合同、产权转移书据、营业账簿中记载资金的账簿
千分之一	财产租赁合同、仓储保管合同、财产保险合同
5 元定额	权利、许可证照和营业账簿中的其他账簿

第四节　自然资源和环境保护相关税种

与自然资源和环境保护相关的税种主要有资源税和环境保护税。我们倡导节能减排，因为我们的自然资源是有限的，我们的环境也是需要大家共同爱护的。交税不代表我们就可以随意浪费自然资源、破坏生态环境。节约能源，保护环境，人人有责！交税不能免除责任！

一、资源税

自然资源是有限的，开采或生产我国的一些自然资源要交资源税。

资源税针对的是在我国境内开采或生产的自然资源。进口的自然资源因为是国外的资源，不征税。而出口的自然资源因为是从我国开采或生产的，不能像增值税一样退税。

资源税包括的税目有原油、天然气、煤炭、金属矿、其他非金属矿 5 大类。

每大类下面有更细的项目。

我们知道，自然资源开采出来是原矿，加工后会变成精矿。资源税有些税目是对原矿收税，有些是对精矿收税。对于按原矿收税的，销售该矿的精矿时，需要按规定标准换算成原矿再计税。对于按精矿收税的，销售该矿的原矿时，需要按规定标准换算成精矿再计税。

资源税的计算方法是采取从价定率或者从量定额。根据各地自然资源的不同情况，各地会对税率和税额进行调节。

自然资源从开采到加工生产，也形成一条资源税征收链条。只要离开了链条中的这两个环节就要交税，例如销售时。

资源税跟增值税一样，也有视同销售的说法。如果不是以正常销售的方式离开这两个环节，那么也和增值税一样要视同销售。

资源税没有价内价外之说，账记在利润表的税金及附加项目。

二、环境保护税

环境保护税是针对被直接向环境排放的大气污染物、水污染物、固体废物和噪声（仅包括工业噪声）收税的。

环境保护税是按单位定额征收，计税单位包括每污染当量、每吨、超标分贝等。

对于大气和水污染物，由于每个排放口或没有排放口排放的大气和水污染物不止一种，税法对计税依据也有相应的区别规定。

针对每一排放口或没有排放口的大气污染物，税法规定对污染当量排名前三项的大气污染物征收环境保护税。

对于每一排放口的水污染物，区分第一类水污染物和其他类水污染物。第一类水污染物对污染当量排名前五项的水污染物征收环境保护税，其他类水污染物对污染当量排名前三项的水污染物征收环境保护税。

环境保护税没有价内价外之说，账记在利润表的税金及附加项目。

最后，本书反复强调这句话：税法普及帮助大，掌握原理知大局，遇事咨询财务部，全面系统研究透，切莫半解做决策。

第五节　剩余其他税种

剩余其他税种包括车辆购置税、车船税、船舶吨税和烟叶税。

一、车辆购置税

购买或进口新车自用要交车辆购置税，税率为车辆不含增值税价格的10%。车辆购置税购买时一次性交就行，不是每年都要交的，但每年要交下面要讲的车船税。购买二手车不用交车辆购置税。

车辆购置税账记在固定资产——运输设备——车辆的购置成本里。

二、车船税

买车时交车辆购置税，买完后每年要交车船税。

车船税的征收范围包括机动车辆和船舶，以及非机动驳船，但不包括非机动车辆和非机动船舶。

车船税实行定额税率，计税单位包括"每辆""整备质量每吨""净吨位每吨""艇身长度每米"等。具体税额也是各地在《车船税税目税额表》规定的一定幅度内浮动。

车船税没有价内价外之说，账记在利润表的税金及附加项目。

三、船舶吨税

从我国境外港口进入境内港口的船舶要交船舶吨税。

船舶吨税按照船舶净吨位和吨税执照期限征收，也是定额税率。不同净吨位、不同执照期限的船舶征收的税率不同。执照期限分为 1 年、90 日、30 日三档。净吨位越大，执照期限越长，船舶吨税每净吨位定额税率越高。

对于中国籍船舶和跟我国签订最惠国待遇条款的船舶适用优惠税率，其他船舶适用普通税率。

船舶吨税没有价内价外之说，账记在利润表的税金及附加项目。

四、烟叶税

烟叶税的纳税人为收购烟叶的单位。收购的烟叶包括晾晒烟叶和烤烟叶，缴纳金额为收购烟叶实际支付的价款总额的 20%。

收购烟叶实际支付的价款总额包括收购烟叶的本身价款以及统一规定的向烟农 10% 的价外补贴。所以

$$烟叶税应纳税额 =（收购烟叶本身价款 + 10\% 价外补贴）\times 20\%$$
$$= 收购烟叶本身价款 \times（1 + 10\%）\times 20\%$$
$$= 收购烟叶实际支付的价款总额 \times 20\%$$

烟叶税没有价内价外之说，账上计入购买烟叶的成本。

本章小结

本章主要向大家介绍除增值税、企业所得税和个人所得税外的其他税种。我将这些税种分为五类介绍：进口和消费相关税种、不动产相关税种、交易相关税种、自然资源和环境保护相关税种以及剩余其他税种。这些税种主要是一些特定行业会遇到。所以，如果大家没有在相关行业，可能不会遇到。对于这些税种，大家全面简要了解一下即可，若做相关行业，遇到问题大家再咨询财

务部深入了解。

税法部分小结

至此，我们的税法部分就全部讲解完毕。税法部分也分三章。第四章先向大家介绍税法是什么，有什么作用及征税最基本原理。第五章开始就向大家一一介绍各税种。第五章介绍的是最重要的增值税和企业所得税，以及大家十分关心的个人所得税。第六章就将各行各业其他各税种都一一带大家过了一遍。希望大家阅读完后，对税法已经有了整体的认识。

最后，本书反复强调这句话：税法普及帮助大，掌握原理知大局，遇事咨询财务部，全面系统研究透，切莫半解做决策。

参考文献

［1］中华人民共和国财政部．企业会计准则及其应用指南［Z］．历年．

［2］中华人民共和国，财政部，国家税务总局．各项税收法律法规、通知、公告等［Z］．历年．

［3］中国注册会计师协会．2019 年注册会计师全国统一考试辅导教材［M］．北京：中国财政经济出版社，2019．

附录 财务报表格式

附录1 资产负债表[①]

资产负债表

会企 01 表

编制单位：　　　　　　　　　　　　年　　月　　日　　　　　　　　单位：元

资产	期末余额	上年年末余额	负债和所有者权益（或股东权益）	期末余额	上年年末余额
流动资产：			流动负债：		
货币资金			短期借款		
交易性金融资产			交易性金融负债		
衍生金融资产			衍生金融负债		
应收票据			应付票据		
应收账款			应付账款		
应收款项融资			预收款项		
预付款项			合同负债		
其他应收款			应付职工薪酬		
存货			应交税费		

---

① 出自《财政部关于修订印发 2019 年度一般企业财务报表格式的通知》（财会〔2019〕6 号）附件 2《一般企业财务报表格式（适用于已执行新金融准则、新收入准则和新租赁准则的企业）》。

资产	期末余额	上年年末余额	负债和所有者权益（或股东权益）	期末余额	上年年末余额
合同资产			其他应付款		
持有待售资产			持有待售负债		
一年内到期的非流动资产			一年内到期的非流动负债		
其他流动资产			其他流动负债		
流动资产合计			流动负债合计		
非流动资产：			非流动负债：		
债权投资			长期借款		
其他债权投资			应付债券		
长期应收款			其中：优先股		
长期股权投资			永续债		
其他权益工具投资			租赁负债		
其他非流动金融资产			长期应付款		
投资性房地产			预计负债		
固定资产			递延收益		
在建工程			递延所得税负债		
生产性生物资产			其他非流动负债		
油气资产			非流动负债合计		
使用权资产			负债合计		
无形资产			所有者权益（或股东权益）：		
开发支出			实收资本（或股本）		
商誉			其他权益工具		
长期待摊费用			其中：优先股		
递延所得税资产			永续债		
其他非流动资产			资本公积		
非流动资产合计			减：库存股		
			其他综合收益		
			专项储备		
			盈余公积		
			未分配利润		
			所有者权益（或股东权益）合计		
资产总计			负债和所有者权益（或股东权益）总计		

附录 2 利润表①

利润表

会企 02 表

编制单位：   _____年___月   单位：元

项目	本期金额	上期金额
一、营业收入		
减：营业成本		
税金及附加		
销售费用		
管理费用		
研发费用		
财务费用		
其中：利息费用		
利息收入		
加：其他收益		
投资收益（损失以"-"号填列）		
其中：对联营企业和合营企业的投资收益		
以摊余成本计量的金融资产终止确认收益（损失以"-"号填列）		
净敞口套期收益（损失以"-"号填列）		
公允价值变动收益（损失以"-"号填列）		
信用减值损失（损失以"-"号填列）		
资产减值损失（损失以"-"号填列）		

---

① 出自《财政部关于修订印发 2019 年度一般企业财务报表格式的通知》（财会〔2019〕6 号）附件 2《一般企业财务报表格式（适用于已执行新金融准则、新收入准则和新租赁准则的企业）》。

续表

项目	本期金额	上期金额
资产处置收益（损失以"－"号填列）		
二、营业利润（亏损以"－"号填列）		
加：营业外收入		
减：营业外支出		
三、利润总额（亏损总额以"－"号填列）		
减：所得税费用		
四、净利润（净亏损以"－"号填列）		
（一）持续经营净利润（净亏损以"－"号填列）		
（二）终止经营净利润（净亏损以"－"号填列）		
五、其他综合收益的税后净额		
（一）不能重分类进损益的其他综合收益		
1. 重新计量设定受益计划变动额		
2. 权益法下不能转损益的其他综合收益		
3. 其他权益工具投资公允价值变动		
4. 企业自身信用风险公允价值变动		
……		
（二）将重分类进损益的其他综合收益		
1. 权益法下可转损益的其他综合收益		
2. 其他债权投资公允价值变动		
3. 金融资产重分类计入其他综合收益的金额		
4. 其他债权投资信用减值准备		
5. 现金流量套期储备		
6. 外币财务报表折算差额		
……		
六、综合收益总额		
七、每股收益：		
（一）基本每股收益		
（二）稀释每股收益		

附录3 现金流量表①

现金流量表

会企03表

编制单位：   _____年___月   单位：元

项目	本期金额	上期金额
一、经营活动产生的现金流量：		
销售商品、提供劳务收到的现金		
收到的税费返还		
收到其他与经营活动有关的现金		
经营活动现金流入小计		
购买商品、接受劳务支付的现金		
支付给职工以及为职工支付的现金		
支付的各项税费		
支付其他与经营活动有关的现金		
经营活动现金流出小计		
经营活动产生的现金流量净额		
二、投资活动产生的现金流量：		
收回投资收到的现金		
取得投资收益收到的现金		
处置固定资产、无形资产和其他长期资产收回的现金净额		
处置子公司及其他营业单位收到的现金净额		
收到其他与投资活动有关的现金		
投资活动现金流入小计		
购建固定资产、无形资产和其他长期资产支付的现金		
投资支付的现金		
取得子公司及其他营业单位支付的现金净额		

---

① 出自《财政部关于修订印发2019年度一般企业财务报表格式的通知》（财会〔2019〕6号）附件2《一般企业财务报表格式（适用于已执行新金融准则、新收入准则和新租赁准则的企业）》。

续表

项目	本期金额	上期金额
支付其他与投资活动有关的现金		
投资活动现金流出小计		
投资活动产生的现金流量净额		
三、筹资活动产生的现金流量：		
吸收投资收到的现金		
取得借款收到的现金		
收到其他与筹资活动有关的现金		
筹资活动现金流入小计		
偿还债务支付的现金		
分配股利、利润或偿付利息支付的现金		
支付其他与筹资活动有关的现金		
筹资活动现金流出小计		
筹资活动产生的现金流量净额		
四、汇率变动对现金及现金等价物的影响		
五、现金及现金等价物净增加额		
加：期初现金及现金等价物余额		
六、期末现金及现金等价物余额		

附录4 现金流量表补充资料①

现金流量表补充资料

编制单位：　　　　　　　　　　　　　　年　　月　　　　　　　　　　单位：元

补充资料	本期金额	上期金额
1. 将净利润调节为经营活动现金流量：		
净利润		

---

① 出自《财政部关于印发〈企业会计准则——应用指南〉的通知》（财会〔2006〕18 号）附件《〈企业会计准则第 31 号——现金流量表〉应用指南》，并参考中国注册会计师协会组织编写的《2019 年注册会计师全国统一考试辅导教材》增加"信用损失准备"项目和"净敞口套期损失（收益以'－'号填列）"项目。

续表

补充资料	本期金额	上期金额
加：资产减值准备		
信用损失准备		
固定资产折旧、油气资产折耗、生产性生物资产折旧		
无形资产摊销		
长期待摊费用摊销		
处置固定资产、无形资产和其他长期资产的损失（收益以"－"号填列）		
固定资产报废损失（收益以"－"号填列）		
净敞口套期损失（收益以"－"号填列）		
公允价值变动损失（收益以"－"号填列）		
财务费用（收益以"－"号填列）		
投资损失（收益以"－"号填列）		
递延所得税资产减少（增加以"－"号填列）		
递延所得税负债增加（减少以"－"号填列）		
存货的减少（增加以"－"号填列）		
经营性应收项目的减少（增加以"－"号填列）		
经营性应付项目的增加（减少以"－"号填列）		
其他		
经营活动产生的现金流量净额		
2. 不涉及现金收支的重大投资和筹资活动：		
债务转为资本		
一年内到期的可转换公司债券		
融资租入固定资产		
3. 现金及现金等价物净变动情况：		
现金的期末余额		
减：现金的期初余额		
加：现金等价物的期末余额		
减：现金等价物的期初余额		
现金及现金等价物净增加额		

附录 5 所有者权益变动表①

所有者权益变动表

编制单位：　　　　　　　　　　　　　　　　　　年度　　　　　　　　　　　　　　　　　　　会企 04 表

单位：元

项目	本年金额											
	实收资本（或股本）	其他权益工具			资本公积	减：库存股	其他综合收益	专项储备	盈余公积	未分配利润	所有者权益合计
		优先股	永续债	其他							
一、上年年末余额											
加：会计政策变更											
前期差错更正											
其他											
二、本年年初余额											
三、本年增减变动金额（减少以"－"号填列）											
（一）综合收益总额											

① 出自《财政部关于修订印发 2019 年度一般企业财务报表格式的通知》（财会〔2019〕6 号）附件 2《一般企业财务报表格式（适用于已执行新金融准则、新收入准则和新租赁准则的企业）》。

续表

项目	本年金额										
	实收资本（或股本）	其他权益工具			资本公积	减：库存股	其他综合收益	专项储备	盈余公积	未分配利润	所有者权益合计
		优先股	永续债	其他							
（二）所有者投入和减少资本											
1. 所有者投入的普通股											
2. 其他权益工具持有者投入资本											
3. 股份支付计入所有者权益的金额											
4. 其他											
（三）利润分配											
1. 提取盈余公积											
2. 对所有者（或股东）的分配											
3. 其他											
（四）所有者权益内部结转											
1. 资本公积转增资本（或股本）											
2. 盈余公积转增资本（或股本）											
3. 盈余公积弥补亏损											
4. 设定受益计划变动额结转留存收益											
5. 其他综合收益结转留存收益											
6. 其他											
四、本年末余额											

续表

项目	上年金额											
	实收资本（或股本）	其他权益工具			资本公积	减：库存股	其他综合收益	专项储备	盈余公积	未分配利润	所有者权益合计
		优先股	永续债	其他							
一、上年年末余额											
加：会计政策变更											
前期差错更正											
其他											
二、本年年初余额											
三、本年增减变动金额（减少以"－"号填列）											
（一）综合收益总额											
（二）所有者投入和减少资本											
1. 所有者投入的普通股											
2. 其他权益工具持有者投入资本											
3. 股份支付计入所有者权益的金额											
4. 其他											
（三）利润分配											
1. 提取盈余公积											

续表

项目	上年金额										
	实收资本（或股本）	其他权益工具			资本公积	减：库存股	其他综合收益	专项储备	盈余公积	未分配利润	所有者权益合计
		优先股	永续债	其他							
2. 对所有者（或股东）的分配											
3. 其他											
（四）所有者权益内部结转											
1. 资本公积转增资本（或股本）											
2. 盈余公积转增资本（或股本）											
3. 盈余公积弥补亏损											
4. 设定受益计划变动额结转留存收益											
5. 其他综合收益结转留存收益											
6. 其他											
四、本年年末余额											